CARNOT

L'ORGANISATEUR DE LA VICTOIRE

PAR

H. DE FONT-RÉAULX

« Il n'est, pour le gouvernement, qu'une seule
manière de se consolider, c'est d'être juste, c'est
que la faveur ne l'emporte pas auprès de lui sur
les services. »

(*Discours de Carnot contre les Institutions
Impériales*).

Illustrations de BOUTET DE MONVEL, LIX, LE BLANT, etc.

PARIS

LIBRAIRIE CH. DELAGRAVE

15, RUE SOUFFLOT, 15

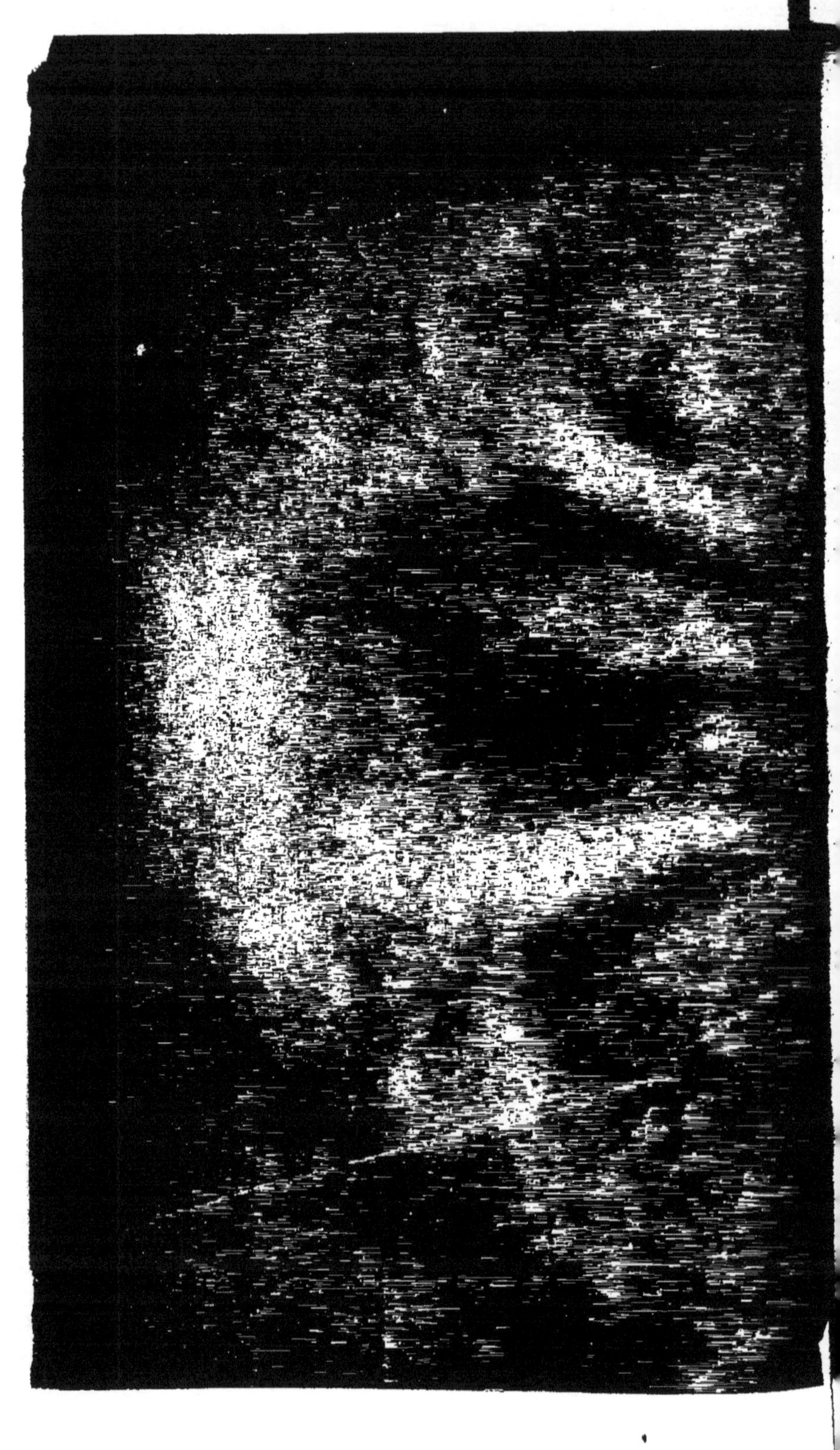

CARNOT

L'ORGANISATEUR DE LA VICTOIRE

SOCIÉTÉ ANONYME D'IMPRIMERIE DE VILLEFRANCHE-DE-ROUERGUE
Jules BARDOUX, Directeur.

Lazare-Nicolas-Marguerite Carnot.

CARNOT

L'ORGANISATEUR DE LA VICTOIRE

PAR

H. DE FONT-RÉAULX

> « Il n'est, pour le gouvernement, qu'une seule
> « manière de se consolider : c'est d'être juste, c'est
> « que la faveur ne l'emporte pas auprès de lui sur
> « les services. »
>
> *(Discours de Carnot contre les institutions
> impériales.)*

Illustrations de BOUTET DE MONVEL, LIX, LE BLANT, etc.

PARIS

LIBRAIRIE CH. DELAGRAVE

15, RUE SOUFFLOT, 15

1888

PRÉFACE

Le grand citoyen que la postérité a nommé, à
juste titre, l'*Organisateur de la victoire*, l'homme
de bien qui pendant cinquante ans donna l'exemple
d'un labeur incessant, d'un dévouement sans borne
à son pays, d'une abnégation sans limite, le patriote
dont le génie sauva deux fois la France de l'invasion,
et qui, pour récompense, fut chassé deux fois de sa
patrie et mourut sur la terre d'exil, Carnot, a été le
modèle des hommes et le modèle des républicains.
Étudier sa vie et son œuvre, le suivre au milieu de
mille difficultés et de mille périls, le montrer tel
qu'il a été, studieux, enthousiaste, actif, vertueux,
inflexible et bon, stoïque au sommet des grandeurs
comme dans l'adversité, ennemi de l'esprit de secte,

républicain convaincu jusqu'au sacrifice, tel est l'objet de cette modeste biographie.

Il sera bien permis à l'auteur de ces lignes d'exprimer un vœu. Puisse le descendant de Carnot que la France vient de placer à la suprême magistrature diriger notre pays dans les voies glorieuses et réparatrices de la victoire !

H. DE F.-R.

CARNOT

CHAPITRE PREMIER

La famille de Carnot. — Ses descendants. — Sa jeunesse. — Ses travaux scientifiques. — Ses théories sur la stratégie militaire. — Carnot prisonnier à la Bastille. — Carnot poète. — Carnot élu à l'Assemblée législative.

1753-1791

Lazare-Nicolas-Marguerite Carnot naquit à Nolay, en Bourgogne, le dimanche 13 mai 1753. Son père, Claude Carnot, était notaire à Nolay. C'était un homme très considéré dans la région, très laborieux et très instruit. Il exerçait la fonction de juge dans plusieurs seigneuries des environs et avait succédé comme notaire à son père. De son mariage avec Marguerite Pothier, Claude Carnot eut dix-huit enfants, quatorze garçons et quatre filles; huit enfants seulement survécurent, six fils et deux filles. Voici comment, dans son registre de famille, où il a relaté tous les événements importants de sa vie et qui est conservé dans les archives de ses descendants, Claude Carnot a inscrit la naissance de son fils Lazare :

« Le dimanche 13 mai 1753, à l'issue de vêpres, sur les quatre heures, ma femme a mis au monde un fils qui a été baptisé le même jour par M. Boussey, prêtre-vicaire de Nolay ; il a eu pour parrain sieur Nicolas Clément, fils de Marie Carnot, ma sœur, et pour marraine demoiselle Marguerite Pothier, fille de M. Pothier, demeurant à Nolay, oncle de ma femme. Il a été appelé Lazare-Nicolas-Marguerite. Cet enfant est né dans un temps de calamité par les morts promptes et fréquentes qui affligent ce pays, ainsi que tous ceux de la province. Que Dieu lui présente ainsi sa colère, dans tout le cours de sa vie, pour qu'il s'y conduise avec crainte et mérite sa miséricorde ! »

La famille Carnot est l'une des plus anciennement connues de la Bourgogne. L'on retrouve au quinzième siècle des Carnot exerçant des fonctions publiques dans cette province, des officiers royaux, des professeurs. En 1670, Gabriel Carnot, second du lieutenant criminel d'Autun, fonda un hôpital à Épertully-lez-Nolay. En 1694, Hilarion Carnot, capucin, fit imprimer à Lyon un in-quarto contenant l'*Histoire du tiers ordre de Saint-François*. Aux environs du village d'Epertully l'on voit le *noyer Carnot*, le *puits Carnot*, la *croix Carnot*. Ces circonstances indiquent la notoriété ancienne de la famille.

Claude Carnot élevait ses enfants avec le plus grand soin et faisait lui-même leur première éducation. Il leur inspirait le goût du travail et leur donnait l'exemple des vertus publiques et privées. Ce goût et ces vertus sont restés profondément gravés dans le cœur et dans le caractère de ses descendants. Ses fils se signalèrent tous par les services qu'ils rendirent à leur pays; ses petits-fils ont été des hommes extrêmement distingués. Son arrière-petit-fils, Sadi Carnot, a été élu président de la République française le 3 décembre 1887, à un moment où les représentants de la nation ont jugé qu'il était devenu nécessaire de placer à la plus haute magistrature du pays un homme dont le nom fût synonyme de : *vertu et labeur*.

Le frère aîné du grand Carnot, Joseph-François-Claude, né à Nolay le 22 mai 1752, un an avant lui, devint un jurisconsulte de grande valeur. Commissaire du gouvernement près la cour de Dijon, membre de la Cour de cassation, il mourut en 1835, laissant plusieurs ouvrages de droit, notamment sur la législation criminelle.

Son frère puîné, Claude-Marguerite, né en 1754, se consacra également à l'étude de la jurisprudence. Il devint procureur général du département de Saône-et-Loire, et il mourut dans l'exercice de cette charge en 1808.

Son troisième frère, Claude-Marie, né en 1755, surnommé Feulin, devint lieutenant général des armées, après avoir été administrateur du département du Pas-de-Calais en 1790, puis membre de l'Assemblée législative. Il eut pendant longtemps une existence commune avec celle du grand Carnot et habita avec lui jusqu'en 1814. Directeur général des fortifications, il assista à la bataille de Wattignies et s'occupa tout spécialement de l'amélioration des places fortes, de concert avec son frère. Il partagea son premier exil au 18 fructidor an V, puis il fut rappelé au 18 brumaire an VIII, comme général de brigade; mais à la suite de dissentiments avec Bonaparte, alors premier consul, il donna sa démission. Inspecteur général du génie en 1814, il fut élu député de Saône-et-Loire, puis nommé lieutenant général en 1817. Il publia quelques ouvrages et mourut en 1836 à Autun.

L'un des autres frères de l'*Organisateur de la victoire* resta à Nolay comme successeur de son père en qualité de notaire, maire de la ville; il fut destitué par la Restauration.

Sa sœur, Jeanne-Pierrette, devint supérieure de l'hôpital de la charité à Nolay. Elle avait succédé dans cette fonction à sa sœur aînée, que son dévouement pour les malheureux fit surnommer la *mère des pauvres*. Elle mourut à l'âge de soixante-quatorze ans.

Le grand Carnot eut deux fils de son mariage avec Mlle Sophie Dupont, fille d'un administrateur de Saint-Omer, qu'il épousa le 17 mai 1791. L'aîné, Nicolas-Léonard-Sadi, né en 1796 au palais du

Luxembourg, entra à l'École polytechnique et devint
capitaine du génie; il donna sa démission pour se
consacrer à l'étude des sciences. Il publia des ouvrages sur la théorie de la chaleur et les forces mo-
trices. Il mourut en 1832, pendant l'épidémie de
choléra qui désola la France à cette époque. Il a laissé
en Angleterre, où ses études étaient très appréciées,
un grand renom de savoir. Ce n'est que longtemps
après sa mort qu'on lui a rendu hommage en France.

C'est en effet Sadi Carnot qui, dans ses *Réflexions
sur la puissance motrice du feu*, a donné, en
1824, les premières notions exactes sur la thermodynamique, cette partie de la physique qui traite des
rapports de la chaleur et du travail mécanique. Voici
la forme textuelle qu'il a donnée au principe qui
porte aujourd'hui son nom : *La puissance motrice
de la chaleur est indépendante des agents mis en
œuvre pour la réaliser; sa quantité est fixée par la
température des corps entre lesquels se fait en dernier résultat le transport du calorique.*

L'application de ce principe permet de calculer les
conditions dans lesquelles fonctionne une machine
thermique quelconque (machine à vapeur, à air

chaud, à gaz, etc.) et de prévoir les résultats qu'on peut atteindre. En faisant ce calcul, on obtient un nombre que l'on désigne sous le nom de coefficient économique de la machine; on voit que ce coefficient économique n'est autre chose que le rapport de la quantité de chaleur transformée en travail par l'appareil à la quantité de chaleur qu'on lui fournit; pour une machine parfaite, ce rapport est au plus égal à trois dixièmes; c'est le coefficient économique de la machine humaine, car on l'a calculé, qui se rapproche le plus de ce résultat.

Le principe de Carnot, conséquence immédiate de considérations purement théoriques, est vérifié comme exact dès qu'on en fait l'application expérimentale.

Aujourd'hui, dans les expériences délicates de la physique, lorsqu'on a à évaluer une température, on la calcule d'après une nouvelle échelle thermométrique, dite échelle absolue, conçue par l'éminent savant anglais sir William Thomson, indépendante de l'agent employé; c'est en se basant sur le principe de Carnot que W. Thomson a pu l'imaginer. Une autre conséquences non moinremarquable tirée toujours du même principe est due à M. Clausius :

Il est impossible de faire passer de la chaleur d'un corps froid sur un autre plus chaud sans dépenser du travail. Ce cas se présente lorsqu'on fait marcher une machine à vapeur à rebours.

Tous les problèmes si délicats que présente la thermodynamique dans ses applications journalières peuvent être résolus au moyen du principe de Carnot et de la loi de Clausius, qui n'en est que la généralisation.

Le plus jeune fils de Carnot, Lazare-Hippolyte, naquit à Saint-Omer le 6 avril 1801. Il partagea l'exil de son père à Magdebourg, en 1815. Rentré en France en 1823, après la mort du grand conventionnel, il fit ses études de droit et adopta les doctrines saint-simoniennes. Il prit part à l'insurrection de 1830, devint rédacteur en chef de la *Revue encyclopédique*, président de la Société pour l'instruction élémentaire. Profondément affligé de la mort de son frère, en 1832, il voyagea longtemps en Angleterre, en Suisse et en Hollande, puis il fixa sa résidence à Limoges, où il épousa, le 25 août 1836, la nièce du général comte Dupont. Élu député de Paris en 1839, puis en 1842 et 1846, il fut nommé

ministre de l'instruction publique par la République
de 1848, fonda l'École d'administration, améliora
considérablement l'instruction primaire. Réélu
député de Paris en 1850, il quitta la France au
2 décembre. Réélu malgré son absence, il refusa de
prêter serment à l'empire et fut en conséquence déclaré démissionnaire. Il se livra alors à l'étude dans
une paisible retraite, où les électeurs vinrent le
chercher en 1857; il fut réélu, mais refusa encore le
serment. En 1864 il se décida à prêter serment et
fut élu député de Paris; il fit partie de l'opposition et
prit une part active à la lutte contre Napoléon III. En
1869 il échoua aux élections contre Gambetta, que
le procès Baudin venait de mettre en évidence.
Gambetta ayant opté pour le département des Bou-
ches-du-Rhône, M. Carnot se représenta à Paris;
mais il fut encore battu par Rochefort. Maire du
huitième arrondissement de Paris après la révolution du 4 septembre 1870, il fut élu député de
Seine-et-Oise en 1871 et combattit le ministère de
Broglie et le gouvernement du maréchal de Mac-
Mahon. Nommé sénateur inamovible, il était le
doyen d'âge du Sénat et membre de l'Institut de

France (section des sciences) lorsqu'il mourut, le 16 mars 1888. Il a publié plusieurs ouvrages, notamment les *Mémoires sur Carnot*, son père.

M. Hippolyte Carnot, de son mariage avec Mlle Jeanne-Marie-Grâce-Claire Dupont, fille d'un inspecteur général des haras et nièce du général comte Dupont, le vaincu de Baylen, ministre de la guerre de la Restauration, a eu quatre fils. L'un d'entre eux est mort. L'aîné, M. Sadi Carnot, né à Limoges le 11 août 1837, après être sorti de l'École des ponts et chaussées le premier sur la liste de mérite, a été ingénieur à Annecy, préfet du gouvernement de la Défense nationale dans la Seine-Inférieure, député de la Côte-d'Or, sous-secrétaire d'État de M. de Freycinet au ministère des travaux publics, ministre des travaux publics, ministre des finances. Il vient d'être élu président de la République par le congrès réuni à Versailles le 3 décembre 1887, par six cent seize voix sur huit cent quarante-deux votants. Son frère, M. Adolphe Carnot, sorti comme lui de l'École polytechnique, est actuellement directeur du laboratoire de chimie à l'École nationale des mines; son second frère habite

Nolay. M. Sadi Carnot a épousé, comme son père
et comme son grand-père, une demoiselle du nom

Sadi Carnot.

de Dupont, dont il a quatre enfants, une fille et trois
fils; l'aîné est sous-lieutenant au 27e régiment d'infanterie.

Les qualités dominantes de la famille Carnot, bien connues dans la Côte-d'Or, berceau des Carnot, et dans la Charente, où, par suite du mariage de M. Hippolyte Carnot avec la nièce du général comte Dupont, la famille possède des propriétés, près de Chabanais, sont : une grande simplicité de mœurs, de la bonté, de l'austérité, un fonds de haute probité et une foi républicaine profonde et active. Ces vertus se rencontrent au plus haut degré chez l'illustre chef de famille qui fait l'objet de cette biographie.

Lazare Carnot, comme ses frères, fut élevé par son père; il resta jusqu'à l'âge de douze ans dans la maison paternelle, qu'il quitta pour entrer au collège le plus voisin, celui d'Autun, où il eut pour condisciples Joseph Bonaparte, qui devait par la suite devenir roi d'Espagne, et Lucien Bonaparte, le futur président du conseil des Cinq-Cents. Les études du collège d'Autun n'étant pas très élevées, le jeune homme fut placé au petit séminaire d'Autun. C'était alors l'établissement le plus fréquenté par la jeunesse de la région.

L'on raconte qu'un jour Lazare, ayant été conduit par sa mère au théâtre de Dijon, où l'on jouait une pièce militaire, se leva pendant la représentation, et, interpellant vivement l'acteur qui remplissait le rôle du général, il lui cria que son artillerie était mal installée, trop en avant, et que les artilleurs se trouvaient sous le feu direct du fort voisin ; qu'il convenait d'abriter les canons derrière les rochers du théâtre.

A seize ans, Carnot fut placé à Paris, à l'institution Longpré, située dans le quartier du Marais, pour se préparer à entrer dans le corps du génie militaire. Jusque-là le jeune homme avait manifesté une grande dévotion ; le contact de la jeunesse parisienne, les railleries de ses camarades et les études philosophiques auxquelles il se livra le portèrent alors vers les principes de libre examen et de libre pensée.

Son esprit viril, son intelligence très développée, s'appliquèrent exclusivement aux problèmes élevés des sciences mathématiques : il se consacra absolument à l'étude de l'art des fortifications. En 1771, il fut reçu en qualité de lieutenant en second à l'École du génie de Mézières. Ce ne fut pas sans quelques difficultés : car, à cette époque les grades élevés du génie militaire étant réservés en grande partie à la noblesse, l'on avait l'habitude de rechercher l'origine des candidats à l'École de Mézières avant de les admettre. L'abbé Bossut, qui dirigeait cette école, faisait tous ses efforts pour admettre les capacités, et il tourna, notamment, les règlements pour recevoir le célèbre Monge en qualité de répétiteur. Il demanda l'admission de Carnot, et le généalogiste du roi, Chérin, qui en pareille circonstance devait donner son avis, accepta la proposition, après avoir reconnu que les Carnot vivaient *noblement* depuis plusieurs générations. Ils appartenaient, en effet, à la bourgeoisie aisée, ce qui équivalait alors, à certains points de vue, aux titres de noblesse. Carnot suivit à Mézières les leçons de Monge, qui devint son ami, et en 1773 il sortit de l'École avec le grade de lieutenant du génie en premier. Il fut placé en garnison à Calais ; il avait alors vingt ans. Il ne passa capitaine qu'à l'ancienneté, en 1783. Son troisième frère, Carnot-Feulin, de deux ans plus jeune que lui, vint habiter à Calais et fut instruit par lui dans l'art militaire ; il devint par la suite un officier très distingué et resta pendant de longues années le compagnon et le commensal du grand

conventionnel ; il le suivit dans ses premières garni-
sons de Calais, du Havre, de Béthune, d'Arras.
Les deux frères étudièrent très consciencieusement
les sciences diverses qui se rattachaient à leur métier.
Lazare était grand admirateur de Vauban ; il avait

Le comte de Buffon.

appris dans ses ouvrages les règles de l'art de forti-
fier et de défendre les places, et il avait été tout particulièrement attiré vers ce grand esprit par les idées
patriotiques et humanitaires de son livre de la *Dîme
royale*. En 1784, l'académie de Dijon ayant mis au
concours l'éloge de Vauban, qui était un Bourgui-
gnon, comme Carnot, le capitaine du génie rédigea
un mémoire dans lequel il vantait les méthodes nou-

velles inventées par Vauban dans le génie militaire, en en démontrant les mérites, et il louait surtout ses idées de justice sociale, son amour sincère du peuple, ses procédés de guerre, qui devaient amener la victoire par les *voies les moins sanglantes*. Carnot obtint le prix du concours. Son mémoire contenait des vues très avancées pour l'époque : on y lit, par exemple, les lignes suivantes : « Ainsi pensait le maréchal de Vauban ; il croyait que le gouvernement doit établir un équilibre entre les citoyens, ou prévenir du moins l'affreuse misère des uns, l'excessive opulence des autres, et cette odieuse multiplicité de prérogatives qui condamnent la classe la plus précieuse des hommes à l'indigence et au mépris. »

Buffon, qui avait reçu le mémoire de Carnot, se trouvait alors à Montbard ; il écrivit au jeune lauréat la lettre dont voici le texte :

« J'ai lu avec grand plaisir, monsieur, le discours que vous avez eu la bonté de m'adresser, et je suis enchanté d'avoir un compliment sincère à vous faire sur la manière dont il est écrit. Le style en est noble et coulant, et je suis persuadé qu'il enflammera le courage de nos jeunes militaires, qui ne pourraient mieux faire que d'imiter Vauban.

Vous aurez donc fait, monsieur, un ouvrage agréable, et dès lors vous devez être satisfait.

« J'ai l'honneur d'être, etc.

« Le comte de Buffon. »

Le prince Henri de Prusse, frère du grand Frédéric se trouvait à Dijon au moment du concours, il écrivit à Carnot la lettre suivante :

« Monsieur,

« J'ai reçu votre lettre en date du 3 septembre, y joint un discours que vous avez lu dans l'assemblée de l'académie de Dijon, et je vous en fais bien des remerciements. Je le lirai avec autant de plaisir que j'en ai eu à l'entendre prononcer à l'académie, étant avec des sentiments de beaucoup d'estime, monsieur, votre très affectionné ami.

Henri.

« Paris, ce 10 septembre 1784. »

Le prince de Condé, gouverneur de la province de Bourgogne et qui devait, par la suite, commander l'armée des émigrés contre la France, couronna Carnot et lui adressa des félicitations bien méritées.

La même année, Carnot s'occupa très attentivement de la direction des ballons. Il adressa à l'Académie des sciences une étude sur la découverte récente des frères Montgolfier. Arago, qui a écrit l'éloge de Carnot, dit que cette étude exposait *un dispositif de rames légères qui devaient conduire au but*. Malheureusement le mémoire de Carnot à l'Académie est perdu, et l'on ne sait au moyen de quel mécanisme il comptait arriver à la direction des ballons, problème qui n'est pas encore résolu de nos jours, mais qui paraît sur le point de recevoir une solution. L'on sait seulement que Carnot désirait adapter à un ballon de très grande dimension une machine à vapeur munie de roues à palettes.

A la même époque, Carnot, dont le génie inventif s'appliquait à toutes les grandes questions de son temps, publia son ouvrage intitulé *Essai sur les machines*. C'est dans ce volume que l'on trouve le célèbre théorème qui porte son nom. Le *théorème de Carnot* est devenu, depuis lors, d'un usage classique pour les élèves de mathématiques supérieures.

Ce théorème, relatif à la force vive perdue dans le choc, est l'un des éléments les plus féconds de la théorie des machines industrielles : il fournit, en effet, l'explication de la perte de toute la portion du tra-

vail moteur qui n'est point absorbée par les frotte-
ments des pièces les unes sur les autres, et donne la

Lazare-Nicolas Carnot.

raison théorique la plus satisfaisante des avantages,
constatés par l'expérience, que présente le mouvement uniforme, pour arriver au meilleur rende-
ment possible. Son autre théorème sur la projection

d'un contour fermé n'est qu'une simple remarque ; mais cette remarque a fourni les moyens de noter sous une forme analytique simple et élégante une foule de relations compliquées, telles que la loi de dépendance entre la résultante de plusieurs forces et ses composantes ; entre l'axe du moment du couple résultant de plusieurs couples et les axes des moments de ces couples ; entre l'axe du moment résultant des moments des quantités de mouvement des parties d'un système, par rapport à un axe et finalement à un point, et les axes des moments des quantités de mouvement de ces parties par rapport au même axe ou au même point, etc.

La démonstration du théorème général des aires s'est trouvée simplifiée par ces mêmes considérations, ainsi que celles d'une foule de propositions secondaires de géométrie et surtout de trigonométrie.

Le plus beau titre de Carnot à la gloire scientifique se trouve dans sa *Géométrie de position,* où pour la première fois a été discutée la base même de la géométrie analytique, la concordance nécessaire des changements de forme d'une figure et des changements de signes qui s'opèrent dans les équations relatives à cette figure, concordance par suite de laquelle les mêmes équations, convenablement entendues, se rapportent toujours à la même figure, de quelque manière qu'elle se déforme. Carnot, il est vrai, ne croyait pas d'une façon absolue à cette loi de permanence des relations métriques, à laquelle le général Poncelet a donné le nom de principe de continuité ; il l'a même crue contredite par quelques faits qu'il a signalés ; mais les principes de saine philosophie qu'il a répandus dans son ouvrage sont restés et ont porté leurs fruits.

« Le beau et précieux théorème de Carnot, dit Arago, est aujourd'hui connu de tous les ingénieurs ; il les guide dans la pratique, il les garantit des fautes grossières que commettaient leurs devanciers... Huyghens, Galilée, Pascal, Newton, Euler, Laplace, voilà les illustres personnages à côté desquels Carnot est allé se placer par la découverte de son beau théorème. »

L'envie, qui s'acharne contre toutes les supériorités, n'épargna pas Carnot : les officiers supérieurs furent froissés de remarquer chez un simple capitaine un si grand mérite. Une lettre de cachet envoya Carnot à la Bastille ; le prétexte de cette incarcération fut une absence sans permission. Carnot désirait épouser une jeune fille de Dijon ; il avait l'agrément des parents, lorsqu'il apprit indirectement qu'on lui préférait un riche officier d'infanterie. Il se rendit en toute hâte d'Arras à Dijon et provoqua en duel son heureux rival ; de là son emprisonnement à la Bastille. Il en sortit par une circonstance fortuite, sans laquelle sa séquestration eût pu être de longue durée. Le prince Henri de Prusse demanda au gouvernement l'autorisation de visiter les places fortes du Nord. A cette époque l'on ne refusait pas les visites de ce genre. Il était d'usage de faire accompagner les princes par un officier du génie français de mérite. Le ministre de la guerre, Puységur, pensa que nul autre que Carnot, qui avait dressé les plans et les cartes des fortifications de cette région, n'était en état de conférer dignement avec un prince aussi instruit, et il décida de le faire sortir de la Bastille et de lui confier cette mission.

Les études graves auxquelles se livrait Carnot ne l'empêchaient pas de cultiver la poésie. L'on a conservé de lui des pièces de vers d'un style très délicat et d'une tournure agréable. L'*Almanach des muses* publia, de 1787 à 1790, des poésies légères de Carnot, et la société des Rosati édita, en 1797, un volume en contenant un grand nombre, qui montrent que Carnot savait allier, chose bien rare, la profondeur du génie avec la vivacité et l'élégance poétiques.

Les années qui précédèrent la Révolution furent marquées par des tentatives de réformes dans les diverses branches de l'administration. Le gouvernement royal, comprenant qu'il y avait beaucoup à faire pour mettre l'organisation intérieure de notre pays à la hauteur des progrès scientifiques et des principes nouveaux que le dix-huitième siècle avait proclamés dans le monde, essaya de timides essais de régénération. Turgot l'y aida puissamment; mais il fut congédié, n'ayant pas été compris et n'ayant pas eu en main, au surplus, le pouvoir nécessaire pour appliquer pratiquement ses belles réformes, dont quelques-unes sont encore aujourd'hui à réaliser. Dans un autre ordre d'idées, le génie militaire de l'époque discutait activement les modifications à introduire dans l'installation de nos places fortes. Il

y avait deux écoles rivales. Les uns, partisans des
théories de Folard, ne comprenaient la guerre que
comme une succession de sièges et ils entendaient
négliger tout ce qui n'avait pas trait à l'art des forteresses. Les autres, partisans des manœuvres du
grand Frédéric de Prusse, pensaient que le sort des
armées devait se décider en batailles rangées. L'empereur d'Autriche avait adopté ce dernier système et,
en conséquence, il avait fait démanteler récemment
toutes les forteresses de ses provinces de Belgique.
Il avait eu surtout pour but de rendre les insurrec-
tions impossibles en ne laissant pas aux révoltés les
moyens de concentrer leurs forces dans les villes
fortes. Certains théoriciens français proposaient à
Louis XVI d'agir de même pour nos places du Nord.
Carnot s'y opposa énergiquement, mais il apporta
au système des partisans des places fortes un tempé-
rament : il fit une distinction entre les places fortes
et les citadelles qui, dominant les villes sans les protéger contre l'ennemi de l'extérieur, ne servent qu'à
les opprimer, sans utilité pour la défense du pays.
Carnot adoptait bien en réalité le système des batailles rangées du grand Frédéric, mais il ne voulait

Frédéric le Grand.

pas pour cela détruire les places fortes, qu'il considérait comme permettant à une armée de se former et de s'organiser en sécurité au début d'une guerre, arrêtent l'élan de l'ennemi et, en cas de désastre, offrent des refuges et des points de ralliement pour reprendre l'offensive. Carnot exposa cette sorte d'éclectisme en 1788, dans un mémoire adressé au ministre de la guerre, de Brienne. Il repoussait ce qu'il y avait de trop absolu dans les deux théories rivales, et son système est aujourd'hui universellement adopté en Europe. Il se déterminait par de nombreuses raisons puisées dans la science militaire et, en outre, par des motifs d'un autre ordre qu'il n'est pas sans utilité de faire connaître.

« Toute guerre juste, disait-il, toute guerre qui mérite ce nom est essentiellement défensive ; elle est l'exercice du droit du plus faible. Tous les efforts de la France doivent donc être tournés vers la sûreté de ses frontières.

« S'il est, en effet, un pays en Europe dont l'intérêt particulier soit d'accord en ce point avec les principes de cette morale universelle, de cette grande politique qui considère toutes les nations comme les parties d'un même peuple, c'est sans doute la France.

« Dans quelle affreuse désolation ce royaume ne fut-il pas plongé toutes les fois qu'il voulut se livrer à l'ambition et à la manie des conquêtes? Que nous rapportèrent du fond de l'Allemagne nos armées envoyées pour les querelles d'autrui? Qu'en résulta-t-il, sinon que nos trésors ont enrichi des pays misérables par eux-mêmes, et que les champs de la Bohême et du Hanovre restent engraissés du sang de nos soldats? Quel trouble dans toute l'Europe et quels maux dans la France ne causa point la hauteur de Louis XIV! Les provinces qu'il a conquises coûtèrent quatre fois plus que s'il en avait acheté la souveraineté à prix d'argent, et si nous faisions encore une pareille acquisition, tous les revenus de l'État ne suffiraient pas pour payer les intérêts de la dette nationale. »

Carnot pensait avec raison que le maintien des places fortes, dans certaines conditions qu'il indiquait, économise, en temps de paix, le maintien en activité d'un grand nombre d'hommes; que si trois cent mille hommes, par exemple, doivent être levés et armés en temps de guerre, il suffit d'en avoir cent mille sur pied pendant la paix. Il considérait que les armées permanentes nombreuses « énervent le royaume en minant la population, enlèvent les cultivateurs à la campagne, corrompent les mœurs des villes, épuisent, pendant la paix, les ressources qu'on devrait ménager pour les temps de crise. Il suffit qu'un tiers de l'armée soit en permanence. Chacun des soldats y passerait à son tour. Les cent mille hommes toujours sur pied seraient une espèce d'école militaire, où chaque soldat de l'armée irait à son tour; et lorsque, *au bout d'un an ou dix-huit mois,* il serait suffisamment instruit, on le renverrait chez lui achever le temps de son service, à la condition de se présenter si le pays en a besoin... La réserve du roi de Prusse n'est rassemblée que six semaines par an. Nous l'imitons en tout excepté en ce qu'il a de mieux et en ce qui convient le plus au génie de notre peuple. Sans doute les soldats anciens sont très précieux, mais *un soldat ancien est celui qui a fait la guerre.* Celui qui n'a fait que pirouetter sur une esplanade pendant huit ans est aussi nouveau que celui qui pirouette depuis six semaines . . . .

« Supprimer la milice, ajoutait-il, et tous les
désordres qu'elle entraîne après elle; rendre pendant la paix soixante-dix mille hommes à l'agriculture et aux arts; ménager pour la guerre un
nombre formidable de troupes nationales choisies et
disciplinées, toujours existant, toujours prêt à se
porter où l'exigent les besoins de l'État; rendre la
levée du soldat douce, facile, économique; l'attacher
à sa condition par le bien-être; n'exiger de lui que
le quart au plus du service auquel on l'astreint
aujourd'hui; mettre nos frontières en sûreté contre
les plus grands revers de la fortune, et cela sans
augmenter les dépenses du département de la guerre,
mais au contraire en les diminuant de beaucoup
et en soulageant le peuple; convertir les forces des-
tructives en forces conservatrices; étendre pro-
gressivement en Europe ce système salutaire par la
prépondérance que donnera toujours la grandeur du
royaume, lorsqu'on voudra substituer le vrai pouvoir aux petites intrigues de cabinet, ouvrir enfin la
voie à cette paix universelle, si désirée par
Henri IV.: voilà ce qu'on oserait à peine espérer
d'un renversement total des usages et des préjugés

reçus par nous; et tels seraient néanmoins, si la
passion du bien public ne m'abuse, les effets que
produirait un simple changement dans la fausse
proportion qui existe aujourd'hui entre les forces
actives et les forces passives de la France. »

La sollicitude de Carnot pour tout ce qui touchait
à l'intérêt national ne se bornait pas aux choses de
la guerre : il soumit, dès les débuts de la Révolution, un mémoire sur le *Rétablissement de nos
finances*. Devançant de quelques années les théoriciens de la Révolution, il proposait déjà en 1789
d'utiliser les biens du clergé pour le rembourse-
ment des deux cent cinquante millions annuels de
dette publique. Chaque créancier de l'État, chaque
rentier aurait reçu en échange de son titre un lot
de biens du clergé après expertise contradictoire.
Si ce système eût été dès cette époque appliqué, l'on
eût évité la création des assignats, la dépréciation
effroyable des biens qui en résulta par la suite, et
l'on eût créé des ressources facilement réalisables
alors. Cette clairvoyance de Carnot est extrêmement
curieuse à noter.

L'année suivante, Carnot, au risque de perdre son

grade, n'hésita pas à se prononcer ouvertement en faveur du régiment des Suisses de Châteauvieux, victimes d'une félonie monstrueuse. Conformément à des usages admis, les délégués de ce régiment réclamèrent contre la façon dont les fonds destinés à leur solde étaient gérés. Leurs officiers, au lieu de faire droit à leur réclamation ou tout au moins de les écouter, les firent fouetter et incarcérer. Ils adressèrent une protestation très digne à l'Assemblée constituante, qui, mal éclairée sur l'affaire, les livra à l'arbitraire du ministre de la guerre. Bouillé, qui préparait déjà sa trahison et désirait tenir la place de Nancy dans ses mains, marcha en toute hâte vers cette ville, où le régiment suisse se trouvait, et, à la tête de mercenaires allemands, il massacra les malheureux Suisses et les gardes nationaux de Nancy, qui, connaissant les causes du différend, voulaient s'interposer. Ce qui resta du régiment de Châteauvieux fut livré au bourreau ou condamné aux galères par les tribunaux militaires (août 1790). Carnot vit immédiatement tout ce qu'il y avait de louche dans cette affaire, qui produisait une grande émotion. L'instinct national avait compris, et, malgré les adresses de l'Assemblée nationale à Bouillé et les félicitations de La Fayette, son parent, l'on ne parlait partout que du traître Bouillé et de ses complices. Carnot proclama hautement à Arras que Bouillé avait dépassé toutes les bornes et que le régiment des Suisses ne méritait pas le châtiment terrible qu'on lui infligeait. La suite des événements devait lui donner raison, et l'Assemblée nationale elle-même le reconnut trop tard : car, le 21 juin 1791, le roi quitta furtivement les Tuileries et se dirigeait sur Metz, où commandait Bouillé, pour se placer sous sa protection dans cette place imprenable ; mais il fut arrêté à Varennes et ramené prisonnier à Paris.

Quelques semaines avant cet événement, Carnot avait épousé, le 17 mai 1791, Mlle Sophie Dupont, dont son frère cadet, Carnot-Feulin, avait peu de temps auparavant épousé la sœur. Mme Carnot mourut jeune, et sa sœur la remplaça par la suite dans l'éducation des enfants du grand conventionnel. La famille Dupont était très considérée à Saint-Omer et dans la région ; les deux officiers qui s'y étaient alliés étaient fort connus à Arras et à Saint-Omer, où ils tenaient garnison, par l'élévation de leur esprit, la droiture et la sincérité de leurs convictions : aussi leurs concitoyens ne crurent-ils pas pouvoir faire de meilleur choix aux élections du mois de septembre 1791 que celui des deux frères Carnot, qui entrèrent ensemble à l'Assemblée législative.

CHAPITRE II

L'Assemblée législative. — Échec oratoire de Carnot. — Il se prononce pour la guerre contre l'Autriche. — Ses missions aux armées du Nord. — Il organise la défense.

1791-1792

Le 30 septembre 1791, l'Assemblée nationale se sépara ; dès le lendemain l'Assemblée législative commença ses séances. Les élections avaient produit un grand nombre d'hommes nouveaux : Vergniaud, Gensonné, Ducos, Couthon, Carnot, Cambon, Merlin de Thionville. Ils devaient s'illustrer à divers titres ; mais aucun d'eux, malgré leur mérite, n'était appelé à rendre à la nation des services plus grands que ceux de Carnot.

Le député du Pas-de-Calais resta d'abord assez ignoré. Il n'avait pas l'expérience de la tribune, et son premier essai fut un échec. Le 2 janvier 1792,

l'Assemblée discutait les événements qui venaient de
se passer à Perpignan, où plusieurs officiers avaient
voulu, disait-on, livrer la citadelle à l'ennemi. Carnot
monta à la tribune et exposa son système de suppression des citadelles des villes. Ses collègues ne le comprirent pas : ils n'étaient pas au courant de la question scientifique que l'orateur traitait. Des murmures
s'élevèrent; on pensait que le projet de Carnot abou-
tissait au démantellement complet des places fortes,
ce qui était très loin de sa pensée; l'on cria à la trahison, un orage parlementaire se déchaîna contre lui
et l'obligea à abandonner la tribune. Rentré chez lui,
Carnot, ne voulant pas rester sous le coup de sa mé-
saventure, rédigea une note explicative et la fit dès le
lendemain imprimer et distribuer à ses collègues, qui
furent étonnés de leur méprise et qui rendirent à
l'orateur la confiance qu'ils lui refusaient la veille.
Voici un passage de cette note qui explique les vues
de Carnot :

« Je n'aurais pas cru qu'en proposant à des Français de 1792 la destruction d'une bastille je fusse
aussi mal accueilli. Il y a vingt et un ans que je fais
le service militaire dans le génie; je ne parle point

en aveugle. Si vous m'aviez permis d'expliquer ma proposition, vous auriez compris que je ne demande pas le rasement total des citadelles ; je voudrais seulement démanteler la partie de leurs remparts qui est tournée contre l'intérieur de la ville : sinon une citadelle n'est qu'un poste fortifié près d'une ville, qu'il commande, qu'il peut foudroyer à chaque instant. Une citadelle est une monstruosité dans un pays libre, un repaire de tyrannie, contre lequel doivent s'élever l'indignation des peuples et la colère des bons citoyens. Si j'ai apporté un sentiment dans cette Assemblée, c'est surtout l'amour de la liberté, la haine des tyrans. Je demande la destruction de toutes les bastilles du royaume.

« Voilà, mes collègues, ce que c'est qu'une citadelle ; voilà les vérités que vous n'avez pas voulu entendre. Eh ! comment aurais-je été appuyé ? Je suis militaire, je parle peu, et je ne veux être d'aucun parti. »

Carnot ne fut en effet d'aucun parti. Ses opinions le rapprochaient plus des girondins que de tout autre groupe ; mais il sut bien souvent, lorsque le salut du pays l'exigeait, prendre les déterminations

les plus graves et les plus audacieuses. Ce n'était pas
alors par esprit de parti qu'il se décidait, mais par
amour de la patrie et parce qu'il lui semblait utile
d'agir résolument.

Au mois d'avril suivant, Carnot fut investi par
ses collègues d'une mission de confiance qui mit
en évidence son sang-froid et ses capacités. Le
20 avril 1792, la guerre avait été déclarée; Carnot
avait poussé l'Assemblée à prendre contre l'Autriche cette grave détermination, dont le ministère et
Louis XVI, en personne, étaient venus faire la proposition à la séance. Comme Pastoret, Cambon,
Guadet, Aubert-Dubayet, Merlin de Thionville, Gensonné, Carnot se prononça pour la guerre, qui fut
votée à l'unanimité moins sept voix, malgré l'insuf-
fisance des moyens d'action dont la France disposait
alors. En effet l'état de nos armées laissait beaucoup
à désirer. « Les régiments de ligne, dit Henri Martin, n'étaient pas au complet. Les bataillons de volontaires étaient loin d'être formés et équipés. La
troupe de ligne n'était pas remise de l'ébranlement
et de la désorganisation causée par l'émigration.
Près de deux mille officiers avaient émigré, plusieurs

avaient emporté la caisse et le drapeau de leurs régiments. Il y en avait qu'on soupçonnait de vouloir
pis encore et de rester pour trahir au moment du
combat. Tous les officiers du génie et la plupart de
ceux de l'artillerie étaient patriotes ; mais une partie
de ceux des autres corps, surtout de la cavalerie,
étaient suspects. » Le 29 avril, les lieutenants de
Rochambeau franchirent la frontière. Le général
Dillon, à la tête de trois mille hommes, marcha sur
Tournai ; un détachement autrichien s'avança pour
le repousser. Ce fut une débandade immédiate parmi
les troupes de Dillon ; les soldats criaient à la trahison, la cavalerie fit volte-face sur l'infanterie, qu'elle
bouscula. Dillon et son colonel, de Berthois, essayè-
rent vainement d'arrêter cette panique inexplicable ;
leurs troupes les ramenèrent à Lille et les massacrè-
rent. Cette débâcle, que rien ne justifiait, jeta l'épouvante dans Paris. Les modérés accusaient les jacobins d'avoir démoralisé l'armée française, en lui
faisant croire à la trahison de ses chefs ; les girondins accusèrent Rochambeau, sans aucune preuve,
du reste ; Marat invitait ouvertement l'armée à
massacrer ses généraux. Au milieu de ce désordre,

l'Assemblée législative conserva son sang-froid ; elle chargea Carnot de se rendre en toute hâte à l'armée du Nord et de procéder à une enquête sur cet événement. Il ne signala aucun acte de trahison, mais il s'efforça de relever le moral des troupes et de rassurer la nation, fort inquiète ; il démontra que nos soldats avaient été les victimes d'une vaine terreur, rétablit, autant que cela était possible, la discipline, et à son retour il obtint un hommage public à la mémoire de Dillon et de Berthois.

Au mois de juillet suivant, Carnot, dont l'autorité croissait de jour en jour, fut chargé d'une autre mission très délicate, à la suite de l'émotion populaire causée par le bruit qui s'était répandu que l'on empoisonnait les volontaires du camp de Soissons avec du verre mêlé à leur pain. Carnot se rendit à Soissons, et il reconnut qu'un seul pain avait été trouvé contenant un morceau de verre, qui provenait de la vitre d'une ancienne église, convertie en magasin à farines, dont des enfants avaient à coups de pierres brisé les vitraux ; quelques fragments de verre étaient tombés, par hasard, dans un sac de farine ouvert, et des morceaux de vitre

étaient encore épars sur le sol. Carnot publia le résultat de son enquête et dissipa l'émotion que cette
fable produisait.

Rentré à Paris, il trouva la situation gravement
compromise par les dissentiments de ses collègues
et par les menaces de l'étranger. Les comités d'organisation de la défense nationale le nommèrent leur
rapporteur ; il proposa de porter l'armée à quatre
cent cinquante mille hommes, ce qui fut adopté par
l'Assemblée. Il prit alors une grande part aux travaux des comités et ne parut guère aux séances publiques. Le 10 août, il fut chargé de se rendre avec
plusieurs de ses collègues aux Tuileries, pour placer
le roi sous la sauvegarde de la représentation nationale ; mais cette tentative de pacification n'aboutit
pas ; la foule envahit le palais, où une bataille s'engagea ; la garde suisse fut massacrée, et la royauté
renversée. L'Assemblée législative suspendit le roi
de ses fonctions, décida la convocation d'une assemblée nouvelle, la Convention, dont les élections
furent fixées au 2 septembre, et ordonna à douze
députés de se rendre aux armées pour y assurer
l'obéissance aux décrets de la représentation natio-

nale. Ces douze commissaires reçurent des pouvoirs illimités, et notamment celui de révoquer et d'arrêter les généraux, s'il était nécessaire. Parmi ces commissaires extraordinaires se trouvait Carnot. Il se rendit, avec Coustard et Prieur (de la Côte-d'or), à l'armée du Rhin, que commandait le duc de Biron. Les commissaires y trouvèrent peu de résistance ; toutefois il durent destituer le prince Victor de Broglie, qui n'acceptait pas le nouvel ordre de choses. Un autre officier, Rouget de l'Isle, l'immortel auteur de la *Marseillaise,* résista aussi ; Carnot le prit à part et lui expliqua ce qu'il y avait de fâcheux dans son attitude ; il chercha vainement à le ramener à de meilleurs sentiments, et il fut obligé de le destituer comme de Broglie. Les commissaires se rendirent alors au camp de Kellermann, où un autre de Broglie résista : c'était le colonel du 2ᵐᵒ chasseurs ; il fut révoqué. Carnot visita le camp de Châlons et rentra à Paris, le lendemain des massacres abominables de septembre.

Membre du comité de l'instruction publique, du comité militaire de l'Assemblée législative, il s'occupa tout spécialement des travaux de celui-ci, ainsi que ses connaissances étendues dans l'art de la guerre et ses travaux antérieurs l'y avaient préparé. Il s'y fit remarquer par un patriotisme éclairé et par un sentiment profond des nécessités nouvelles que les événements venaient de créer. Le ministre de la guerre, Narbonne, ayant proposé un nouveau règlement militaire, dans lequel l'obéissance passive absolue et indéfinie était la base du système, Carnot protesta ; il admit l'obéissance absolue devant l'ennemi, pendant la bataille, mais, en temps de paix, il préconisa l'obéissance raisonnée. Il démontra que le soldat est un homme et non une machine, et qu'en temps de paix il est, en outre, un citoyen.

En août 1792, l'Assemblée législative ne savait comment armer la nation : les fusils manquaient, et les ateliers étaient impuissants à fabriquer rapidement la quantité d'armes à feu nécessaire aux nombreuses troupes qui se rassemblaient. Carnot proposa et fit adopter l'armement au moyen de piques. C'était l'arme du moyen âge, mais c'était une arme terrible entre les mains de Français qui, sans crainte de la fusillade et de la mitraille, marchaient, au pas de charge, sur l'infanterie et sur les canons et savaient se former en carré pour tenir en respect la cavalerie. La charge à la baïonnette ou à la lance a été de tout temps le procédé favori des Français. Il épouvante l'ennemi, il met aux prises les qualités maîtresses de notre race, la hardiesse, l'agilité, la souplesse audacieuse, avec la lenteur et la prudence de nos adversaires, et dans beaucoup de circonstances ce moyen de guerre un peu insolite produit les meilleurs résultats. Carnot l'avait parfaitement compris.

Une autre mesure très importante fut proposée par lui et adoptée. C'est le renvoi des officiers de l'ancien régime qui résistaient au nouvel ordre de choses.

Dès le mois d'octobre 1791, le ministre de la guerre avait signalé la désertion de trois mille huit cent soixante-quatre officiers. Carnot fit décider le remplacement des officiers insoumis par des sous-officiers d'élite. Ces nouveaux venus, pénétrés de l'esprit moderne, jeunes et pleins d'entrain, désireux de montrer qu'ils valaient leurs prédécesseurs, tinrent à honneur de justifier leur rapide avancement et travaillèrent activement aux succès de nos armes. La Révolution leur doit son triomphe.

Carnot, très modéré dans ses opinions, savait, lorsqu'il était nécessaire, montrer une fermeté inébranlable; n'appartenant à aucune coterie, à aucun groupe dans l'Assemblée, n'étant ni feuillant, ni girondin, ni montagnard, étranger aux querelles des partis, dédaignant l'intrigue et les compromissions, ne songeant qu'au bien du pays, il ne prenait que rarement la parole dans l'Assemblée et seulement lorsqu'il lui paraissait indispensable d'intervenir et si l'affaire était importante. Il le fit, notamment, au moment où, le roi ayant été arrêté à Varennes, certains esprits trop portés à la bienveillance inclinaient vers la confiance dans les promesses de Louis XVI et vers des ménagements que Carnot considéra comme excessifs. « La nation est là, dit-il, qui veut la liberté, qui veut l'égalité, qui veut la constitution tout entière, et qui ne souffrira pas que, ni par le fait des armes ni par les voies obliques d'une politique tortueuse, un seul mot en soit effacé. » Il intervint encore au moment où, le frère du roi s'étant joint à l'émigration, la mise en accusation des princes et des émigrés fut demandée : « Il suffit, dit-il, que vous ayez une conviction morale pour prendre un décret d'accusation. Or qui de vous doute que les princes français qui se mettent à la tête de la révolte armée ne soient coupables? Quiconque abandonne la mère patrie pour aller lui chercher des ennemis à l'étranger est un traître contre lequel on ne saurait être trop sévère. Les princes sont dans ce cas; ils ont perdu le beau nom de Français. » Sa proposition fut adoptée.

CHAPITRE III

La Convention. — Carnot en mission aux Pyrénées. — Membre du comité diplomatique. — Il vote la mort de Louis XVI. — Carnot prend Furnes. — Il réprime le brigandage. — Il est élu au comité de Salut public. — L'Organisateur de la victoire. — La levée en masse. — Victoire de Hondschoote. — Victoire de Wattignies.

1792-1794

La Convention entreprit une œuvre colossale, inouïe, unique dans les fastes de l'histoire, et elle réussit. La meilleure part du succès revient à Carnot. La première séance de cette assemblée eut lieu le 20 septembre 1792. Le lendemain elle décréta l'abolition de la royauté et l'établissement de la République. Carnot, réélu par le département du Pas-de-Calais, retrouva dans la Convention, qui comptait sept-cent-quarante-neuf membres, cent quatre-vingts de ses anciens collègues de la Législative, notam-

ment Vergniaud, Condorcet, Cambon, Brissot.
Soixante-dix-sept anciens constituants de l'avant
dernière assemblée faisaient partie de la nouvelle,
notamment Robespierre, Sieyès, le duc d'Orléans,
père du roi Louis-Philippe, qui se faisait appeler
Philippe-Égalité et qui siégeait parmi les montagnards les plus avancés. Dès le 22 septembre, Carnot fut chargé d'une mission dans les Basses-Pyrénées
avec Lamarque et Garrau. Il s'agissait d'organiser
les forces nationales sur la frontière occidentale de
l'Espagne. Tout était à faire ; l'anarchie et l'indiscipline régnaient dans tous les services, l'irritation
populaire était au comble. Carnot visita les places
fortes et y fit exécuter d'importantes réparations,
organisa une école provisoire d'artillerie, assura les
transports, les subsistances, les munitions et l'équi-
pement. Il rassembla des troupes spéciales prises
dans la région et leur confia la garde des passages
des Pyrénées. Pour cela, il fit appel au patriotisme
des habitants et s'efforça d'alléger les charges du
service militaire sur ces populations, peu habituées
à les supporter. « Nous avons ordonné, écrivait-il
à la Convention, la levée de deux bataillons dans

Il leur confia la garde des passages.

chacun des départements voisins des Pyrénées, et la plupart de ces bataillons sont organisés; nous eussions craint de nuire à l'agriculture en demandant davantage : car dans ce pays, qui d'ailleurs a déjà fourni beaucoup, tant aux troupes de ligne qu'aux volontaires nationaux, on est parvenu, par la nature même des localités, au terme que nous cherchons à obtenir par nos lois : la division de la propriété. Presque tous les individus sont cultivateurs; chacun a sa petite possession, et il eût été aussi cruel à nous de l'en arracher que pénible à lui de s'en séparer. » Il ne se confinait pas dans son rôle de commissaire délégué aux armées. Soucieux des grands intérêts des régions qu'il parcourait, il trouvait le temps de faire un plan de travaux publics à exécuter dans les départements situés au pied des Pyrénées. On lit, en effet, dans l'un de ses rapports à la Convention les passages suivants, qui indiquent une connaissance très profonde des besoins de ces contrées. Les désirs de Carnot sont encore à réaliser en grande partie.

« Il y a, écrit-il, une vérité frappante en matière de subsides : c'est que la contribution doit être proportionnée non pas à la fortune des citoyens, mais à leur superflu.

« Jamais il n'y aura ni justice ni ombre d'égalité sur la terre, tant que pour payer l'imposition il faudra que l'un donne le quart du pain qui fait sa subsistance tandis que l'autre en sera quitte pour avoir un laquais de moins.

« Soyez certains, citoyens, que les agitations du peuple, quelles qu'en soient les causes immédiates ou apparentes, n'ont jamais au fond qu'un seul but, celui de se délivrer du fardeau des impositions ; soyez certains que la stabilité de la nouvelle constitution, quelle qu'elle soit, tient entièrement à l'accomplissement de ce vœu, et que les raisonnements les plus subtils n'étourdiront jamais le peuple sur ce grand principe, que celui-là ne doit rien qui n'a que le strict nécessaire, c'est-à-dire que les contributions ne doivent porter, pour chaque individu, que sur la portion de sa fortune qui excède une somme déterminée, jugée indispensable aux premiers besoins de l'homme.

« Le tourment des impositions n'est pas le seul que le peuple ait à surmonter, l'agiotage ne le désole pas moins : c'est de sa sueur que se forment les ressorts de cette race pestiférée dont tout l'art s'applique à discréditer les billets nationaux et à en relever de temps à autre le crédit, pour mettre à contribution tantôt l'espérance de ce peuple facile et tantôt ses alarmes. . . . .

« Sans doute, pour former ces routes, ces canaux, dont nous venons de parler, il faut de grandes mises dehors, mais nous ne croyons pas qu'il y ait rien au-dessus des facultés de la France libre; nous ne pouvons regarder comme véritables dépenses ce qui n'est qu'un argent placé, un argent que la prospérité de l'agriculture et du commerce doit rembourser au centuple; nous considérons comme une économie de charlatan celle qui ne décharge le trésor public de ses dépenses que pour les rejeter sur des administrations particulières, et nous sommes persuadés que la Convention nationale ferait un grand acte d'économie politique si elle décrétait qu'une somme de quarante-cinq millions tout au moins sera consacrée annuellement aux chemins et canaux, jusqu'à l'achèvement de tous ceux qui seront jugés nécessaires à la circulation intérieure, rendue parfaitement libre, d'après une carte générale qui devrait être dressée à cet effet.

« Le moment de préparer ce grand travail est d'autant plus favorable, qu'on ne peut se dissimuler qu'après la guerre des milliers de bras vont manquer d'occupation : vous ne pouvez entretenir long-temps sur pied une armée de six à sept cent mille hommes ; il faut leur trouver des moyens de subsistance pour le moment où ils seront de retour à leur foyer. Il est impossible d'abandonner à l'indigence des citoyens qui ont si courageusement servi leur patrie ; mais leurs besoins immenses finiraient par la dévorer elle-même, si l'on ne trouvait le moyen d'y pourvoir par leur propre travail. Or il serait difficile d'en trouver un autre pour remplir cet objet majeur que celui de réparer, de percer des routes et d'ouvrir des canaux. . . . .

« Citoyens, nous vous avons rarement écrit sans vous parler des besoins de l'instruction publique ; c'est que partout ces besoins s'annoncent par les expressions de la plus vive impatience. Une génération nous suit dont l'éducation est abandonnée depuis trois ans ; pour peu qu'on tarde encore, elle ne sera plus en état de jouir du bienfait de la liberté. Déjà de nouveaux préjugés semblent prendre la place de ceux qu'on a détruits ; on voit des citoyens de bonne foi qui en sont arrivés au point de considérer l'intolérance et la dureté comme le caractère distinctif du vrai républicain, qui traiteraient volontiers d'ennemis de la Révolution tous ceux qui trouvent quelques joies dans les douceurs de l'amitié et des vertus domestiques ; qui s'étudient à devenir farouches et instruisent leurs enfants à ne juger du degré de patriotisme des autres citoyens que par celui de la terreur qu'ils inspirent.

« L'éducation nationale seule peut détruire les impressions funestes qui feraient bientôt de la France une horde de sauvages ; elle seule peut développer dans le cœur de la jeunesse les vrais principes de son bonheur : l'amour ardent, mais éclairé, de la patrie ; la piété filiale, le goût de la simplicité, le sentiment de la bienveillance et le respect pour les mœurs.

« Ces principes sont ceux de l'égalité naturelle ; aussi les avons-nous trouvés tous établis chez quelques-uns des peuples que nous avons visités. Chez les

Béarnais, par exemple, et surtout chez les Basques, nous les y avons trouvés, ces principes naturels, joints à la grâce et à la force du corps. C'est que ce peuple était républicain avant nous ; qu'il ne connaissait ni privilèges, ni seigneurs, ni droits féodaux, et qu'isolé par son langage particulier autant que par le site de son territoire, il a toujours conservé le type de la nature. . . . .

« Il est temps, citoyens, que vous tourniez vos regards sur les véritables éléments de la félicité du peuple. Son esprit vous est connu ; il est partout bon, confiant toujours, croyant toucher au terme de ses maux. Il aime la République, parce que le sens intime lui dit que ceux qu'il a choisis pour ses représentants, ceux dont l'intérêt se confond avec le sien, doivent lui être plus affectionnés que ceux qui, sans cesse loin de lui, sans cesse trompés, sans cesse abusés, se croient d'une nature supérieure.

« Que de sacrifices n'a pas faits ce peuple excellent pour la Révolution ! Faisons-lui donc aussi le sacrifice de nos passions individuelles. Toujours prêt à suivre l'impulsion que vous lui donnez, il ne désire que d'aller ensemble, et croyez qu'il distingue parfaitement ceux qui sont franchement pour lui de ceux qui ne sont que de perfides intrigants ou d'ambitieux agitateurs. . . . .

« C'est de vous seuls, citoyens, qu'il attend aujourd'hui la fin de ses incertitudes et l'assiette dont il a besoin. Partout vos commissaires ont reçu de lui les plus touchantes marques de sa confiance exclusive dans la Convention nationale ; il semblait que, sortis de son sein, nous portassions avec nous l'infaillibilité ; si nous n'eussions résisté à l'effusion de cœur des citoyens de la plupart des lieux que nous avons parcourus, et surtout des campagnes, ils nous eussent voulus pour juges de leurs procès et pour arbitraires de leurs impositions ; nous eussions prononcé sur toutes leurs affaires domestiques, et notre compétence n'eût connu aucune borne. . . . . . .

« Si le grand vice de la constitution détruite était l'indépendance et la rivalité des pouvoirs, si ce vice devait nécessairement produire une nouvelle révolution, parce que son principe était de tout diviser, peut-être trouverez-vous que la nouvelle constitution doit avoir pour base de tout réunir : car c'est bien moins en bornant le pouvoir des autorités dans leur

étendue qu'en abrégeant leur durée qu'on échappe
au despotisme. L'amovibilité des places, l'élection
des magistrats, le concours nécessaire de plusieurs
d'entre eux pour l'émission de tout jugement, la
publicité des décisions, voilà quels seront, dans tous
les temps, la sauvegarde de la liberté et les véritables garants du salut de la République. »

(Rapport fait à la Convention le 12 janvier 1793.)

Rentré à Paris, Carnot s'occupa activement des
travaux du comité diplomatique. Il fit les rapports
relatifs aux demandes des pays de Bruxelles, Mo-
naco, Hainaut, Tournay, Louvain et Ostende, qui
demandaient à être annexés à la République française. « C'était, dit Michelet, un spectacle étrange.
Nos chants faisaient tomber toutes les murailles des
villes. Les Français arrivaient aux portes avec le
drapeau tricolore ; ils les trouvaient ouvertes et né
pouvaient pas passer : tout le monde venait à leur ren-
contre et les reconnaissait sans les avoir jamais vus ;
les hommes les embrassaient, les femmes les bénis-
saient, les enfants les désarmaient... On leur arra-

Le général Dumouriez.

chait le drapeau, et tous disaient : « C'est le nôtre ! »
Grande et bonne journée pour eux ! Ils gagnaient
par nous, en un jour, toute la conquête des siècles !
Cet héritage de raison et de liberté pour lequel tant
d'hommes soupirèrent en vain, cette terre promise
qu'ils auraient voulu entrevoir au prix de leur vie,
la générosité de la France les donnait pour rien à
qui en voulait. »

Au milieu de cet enthousiasme, Carnot détermina,
dans un rapport extrêmement remarquable, le rôle
que la France entendait se réserver et les limites qu'il
convenait de tracer dans ses relations avec les autres
peuples : « L'honneur de la nation française, dit-il,
est engagé à protéger la liberté chez tous les peuples
qui voudront la conquérir ; elle donne à tous ceux
qui reconnaissent les droits de l'homme celui de
réclamer notre secours ; elle en fait nos alliés
naturels... Nous avons pour principe que tout peuple,
quelle que soit l'*exiguïté* du pays qu'il habite, est
absolument maître chez lui ; qu'il est égal en droit
au plus grand, et que nul autre ne peut légitime-
ment attenter à son indépendance, à moins que la
sienne propre ne se trouve visiblement compro-

mise... Notre principe est de n'imposer la loi à aucun peuple, mais un principe antérieur à celui-là est d'empêcher qu'aucun peuple ne nous l'impose à nous-mêmes. Or ce serait nous laisser imposer la loi que de souffrir qu'on nous enlevât les moyens de défendre efficacement nos frontières : ce serait recevoir la loi, et la plus désastreuse de toutes les lois, que de consentir à ce qu'il fût porté atteinte à l'indivisibilité de la République. » Il conclut en déclarant que toute réunion de territoire étranger à la France pourra être admise, pourvu qu'elle n'ait rien de contraire aux intérêts de l'État et que les populations annexées aient demandé la réunion par l'émission d'un vœu libre et formel, ou que la sûreté générale de la République la rende indispensable. »

A ce moment commença le procès de Louis XVI, qui se prolongea du 6 novembre 1792 au 17 janvier 1793. Malgré l'éloquence de Tronchet, de Malesherbes et de Desèze, ses défenseurs, le roi fut condamné à mort par trois cent quatre-vingt-sept voix contre trois cent trente-quatre. Sur ces trois cent trente-quatre voix, trois cent vingt et une avaient voté des peines autres que la mort. Chaque membre de la Convention monta à la tribune, par appel nominal, et motiva son vote. Le duc d'Orléans déclara qu'« uniquement préoccupé de son devoir et convaincu que tous ceux qui ont attenté ou attenteront à la souveraineté du peuple méritent la mort, il votait la mort ». Carnot se prononça dans le même sens : « Dans mon opinion, dit-il, la justice veut que Louis meure, et la politique le veut également. *Jamais, je l'avoue, devoir ne pesa davantage sur mon cœur que celui qui m'est imposé;* mais je pense que pour prouver votre attachement aux lois de l'égalité, pour prouver que les ambitieux ne vous effrayent pas, vous devez frapper de mort le tyran. Je vote pour la mort. »

Quelques semaines après l'exécution de Louis XVI, Dumouriez, qui commandait nos armées en Belgique, entreprit de rétablir la royauté. Il voulait, de concert avec le prince de Cobourg, qui commandait l'armée ennemie, marcher sur la Convention, placer sur le trône le fils du roi défunt. Cobourg commença par exiger de Dumouriez, avant de rien décider à ce sujet, l'évacuation complète de la Belgique. Le général

français, trahissant sa patrie, y consentit et repassa
la frontière le 29 mars. Marat avait, quelques jours
auparavant, signalé à la tribune la trahison de Dumouriez. La Convention le hua, et personne ne voulut
croire à cette infamie ; mais le 30 mars l'Assemblée
manda Dumouriez à sa barre et ordonna au ministre
de la guerre, le marquis de Beurnonville, qui avait
avisé l'Assemblée des manœuvres de Dumouriez, de
se rendre en toute hâte à l'armée du Nord, accompagné de cinq commissaires, Camus, Quinette,
Bancal, Lamarque, et Carnot, qui jusqu'au dernier
moment refusa de croire à la trahison de Dumouriez, et qui à ce moment se trouvait en mission à
l'aile gauche de l'armée du Nord, où il avait fait
lever les sièges de Dunkerque et de Bergues, formé
le camp de Guivelde et arraché Furnes à l'ennemi.
Par suite d'une heureuse circonstance, Carnot ne se
trouvait pas avec ses collègues au moment de leur
arrivée au camp de Dumouriez ; sans cela il eût infailliblement suivi leur sort et subi l'arrestation et le long
internement à l'étranger qui leur furent infligés. Le
traître, les voyant arriver, fit cerner par ses hussards
le ministre de la guerre et les trois conventionnels ;

Dumouriez et les commissaires de la Convention.

il les désarma et les envoya au duc de Cobourg, en l'avisant qu'il marchait sur Paris. Cette heureuse absence du grand conventionnel conservait à la France l'homme qui devait la sauver. Carnot était à Valenciennes, et, aidé de quatre nouveaux commissaires, il agit activement contre Dumouriez, de concert avec les autorités du département du Nord. Ils proclamèrent Dumouriez rebelle, déchu de ses fonctions, ordonnèrent de le saisir mort ou vif, puis ils envoyèrent des agents dévoués au camp du traître pour expliquer à ses soldats ce qu'il leur faisait faire et leur inspirer l'horreur de leur crime. Ils y réussirent : les troupes du Dumouriez, le voyant escorté par des dragons blancs autrichiens, comprirent qu'il trahissait et se révoltèrent contre son autorité. Il fut obligé de fuir avec quelques officiers et quelques centaines de soldats et passa la frontière pour ne plus rentrer en France. Sa trahison avait gravement compromis la situation; il avait laissé reprendre à l'ennemi des positions importantes, et, en outre, la défiance, plus redoutable encore que la défaite, se répandait dans tous les esprits. L'on voyait partout des traîtres; les soldats n'osaient plus avoir confiance dans leurs chefs et ne les suivaient plus. Le péril était immense ; mais l'énergie de la Convention devait grandir avec le danger. Elle renouvela et étendit les pouvoirs des représentants envoyés en mission auprès des armées, elle augmenta leur nombre. Des médecins, des avocats, des artistes, des officiers de rang inférieur, comme Carnot, qui n'était que capitaine du génie, furent élevés au-dessus des généraux. Notre conventionnel fit tous ses efforts pour ranimer le moral des troupes, et il y réussit. « Cette nouvelle trame, écrivait-il à la Convention, n'aura servi, nous l'espérons, qu'à l'humiliation des traîtres, et la République en aura tiré le plus grand de tous les avantages si cet événement peut enfin guérir les Français de leur idolâtrie pour les individus et du besoin d'admirer sans cesse. »

Des troupes jeunes et inexpérimentées ayant été placées sous sa direction par le comité de Salut public, dont il n'était pas encore membre, Carnot, pour empêcher la démoralisation qui est d'ordinaire la conséquence de l'inaction en temps de guerre, les mena au feu, le 30 mai, à l'attaque de Furnes.

« Cette nuit, écrivait-il au comité de Salut public, la

ville de Furnes sera attaquée par deux colonnes. Vous ne devez regarder cette opération que comme un coup de main, pour essayer nos soldats et les aguerrir. Nous sommes trop faibles pour tenter davantage. Nous ne comptons point rester à Furnes, mais faire quelques prisonniers et enlever quelques pièces de canon. » Cette tentative timide d'escarmouche se transforma en victoire, grâce aux bonnes dispositions prises par Carnot et à l'élan invincible des jeunes volontaires qu'électrisaient la présence à leur tête des commissaires de la Convention et le sentiment élevé de la responsabilité qui pesait alors sur l'armée. Malheureusement, ces jeunes troupes n'étaient point disciplinées; elles commirent quelques brigandages, que Carnot réprima énergiquement. Pour rassurer les populations de la région, il publia la proclamation suivante :

Après avoir été témoins d'une expédition brillante devant Furnes et d'une foule de traits également honorables pour le courage et pour l'humanité des soldats de la République, nous avons eu la douleur de voir ce premier succès rendu inutile par le brigandage de plusieurs d'entre eux, et notre victoire même non seulement arrêtée dans son

cours, mais encore nous devenir funeste dans ses conséquences par les malheurs qu'elles peuvent attirer sur nos
concitoyens.

L'univers saura donc que des gens de guerre, que des
Français, que des républicains ont oublié les lois et les
serments; qu'ils ont résisté au cri de l'honneur, outragé la
nature et violé les droits de l'homme. Quel triomphe pour
nos ennemis, quel prétexte pour calomnier notre Révolution!

Nous savons que la majeure partie des militaires qui
ont vaincu à Furnes est saine et incorruptible, que nombre
d'entre eux ont donné l'exemple du désintéressement et de
la générosité, comme ils avaient donné celui du courage
dans le combat; nous savons que le repentir en a ramené
beaucoup d'autres que l'ivresse et la séduction avaient éga-
rés; mais il faut que la tache soit entièrement effacée et que
chacun ait les mains pures.

En conséquence, nous requérons les autorités civiles
et militaires qui se trouvent dans la première division de
l'armée du Nord de prendre sur-le-champ les mesures les
plus actives et les plus fermes pour que les auteurs, fauteurs
et recéleurs des vols commis à Furnes soient connus et
livrés à la rigueur des lois, et pour que les effets pris soient
restitués dans le plus bref délai.

Nous savons que les corps administratifs et les généraux s'en sont déjà occupés efficacement et nous les invi-
tons à continuer de réunir leurs efforts pour cet acte de
justice, qui intéresse si essentiellement l'honneur de la
nation et la cause de la liberté.

Rappelez-vous, soldats, que le premier de vos titres est celui de citoyen ; ne soyons pas pour notre patrie un fléau plus terrible que ne le seraient les ennemis eux-mêmes. Ils savent que la République ne peut exister sans vertus, et ils veulent, par les intrigues de leurs émissaires, en étouffer le germe parmi nous. Laissons-leur l'esprit de rapine et de cupidité, honorons-nous des vertus civiles encore plus que des vertus militaires ; que le faible et l'opprimé soient sûrs de trouver en vous une force tutélaire. Les vieillards, les femmes, les enfants, les cultivateurs, les hommes paisibles de tous les pays, sont nos frères : nous devons les protéger contre la tyrannie, nous devons défendre, comme les nôtres mêmes, leurs personnes et leurs propriétés : tels furent toujours, même aux siècles du despotisme, les sentiments du soldat français, tels doivent être à plus forte raison ceux des soldats de la République.

Fait à Bergues le 1ᵉʳ juin 1793, l'an II de la République française.

Signé : **L. Carnot, Duquesnoy.**

Pendant que ces événements se passaient, la Convention avait pris une décision suprême, qui seule pouvait sauver la France du démembrement. Le 6 avril 1793, elle décréta l'établissement d'un comité souverain, qui fut nommé *comité de Salut public.* Son fonctionnement était très simple. Il se composait de neuf membres élus par leurs collègues de l'Assemblée et correspondait avec les commissaires délégués par la Convention pour surveiller les armées et les administrations locales. Il était renouvelable chaque mois et devait rendre compte de ses actes à l'Assemblée. Il eut la direction absolue de toutes les affaires. Né des dangers de la patrie, il créa la Terreur au dedans et au dehors. Carnot ne fit pas partie des premières nominations. Ce fut seulement le 15 août 1793 qu'il y entra, malgré l'opposition de Robespierre, qui le détestait. La nouvelle de son élection lui fut apportée à l'armée du Nord. Ses hautes capacités militaires, ses vertus, son désintéressement, son calme et son civisme le désignaient au choix de ses collègues. En fait, il fut pendant dix-huit mois le dictateur militaire de la France, et de cette dictature sortit l'expulsion de l'étranger, qui de toutes parts avait franchi nos frontières. Les services que Carnot rendit à la nation sont considérables. Il convient de les énumérer ici, car ils sont le plus beau titre du grand homme à la reconnaissance de la postérité. Le célèbre historien allemand Niebuhr songeait à l'immensité de ces services lorsqu'il a écrit : « Carnot est, en quelques points, *le plus grand homme de ce siècle*. Sa vertu est d'une nature exquise. Mes idées politiques diffèrent des siennes, et mon amour pour lui peut sembler une anomalie, mais cet amour existe. S'il ne me restait au monde qu'un

Robespierre.

morceau de pain, je serais fier de le partager avec Carnot. »

Un autre Allemand a rendu justice à la modération et à la loyauté du grand conventionnel.

On lit, en effet, dans la *Vie de Carnot* publiée en Allemagne par le docteur Kœrte quelques détails précieux sur une accusation dont il fut l'objet.

« Lorsque, peu de temps après sa nomination au comité de Salut public, Carnot revint de l'armée du Nord, un de ses collègues, qui avait été commissaire avec lui près de cette armée, produisit au comité une dénonciation dans laquelle il accusait Carnot de *modérantisme*, pour n'avoir pas donné une adhésion complète à la journée du 31 mai 1793, où les jacobins établirent un comité et une armée révolutionnaires, et pour avoir refusé sa signature à l'ordre d'arrestation du général Moreau, qualifié de traître par ses collègues. Les dénonciations de cette nature étaient extrêmement dangereuses à cette époque. Les membres du comité se retirèrent dans une autre salle pour examiner les papiers, laissant Carnot seul en présence de son accusateur : la délibération terminée et le conseil ayant repris séance, Robespierre, quoiqu'il eût été prévenu par l'accusateur et qu'il fût le plus mortel ennemi de Carnot, prononça, au nom du comité, qu'il n'y avait pas matière à accusation, mais que la dénonciation n'avait été que l'effet d'un excès de zèle pour la chose publique. Alors, et seulement alors, Carnot déposa sur le bureau des pièces, tant imprimées que manuscrites, qui contenaient les preuves matérielles de dilapidations commises à l'armée du Nord, sous les yeux et sous l'autorisation au moins tacite de son propre accusateur. Celui-ci resta frappé comme d'un coup de foudre, et le comité gardait un profond silence : les faits ne pouvaient être contestés. Carnot ramassa ces papiers et les jeta au feu en présence de tout le monde. Aussitôt son accusateur vint se précipiter dans ses bras et lui jura un éternel dévouement, serment auquel il est resté fidèle jusqu'à sa mort. »

D'autre part, un général célèbre et qu'on ne saurait accuser de partialité en faveur de Carnot à su lui rendre justice :

. . . .

« Les armées françaises eurent le temps de s'organiser, et la France fut sauvée. Sa renaissance fut due à un seul homme l'ingénieur Carnot; s'empara de la direction de la guerre, dans laquelle il fut parfaitement secondé par les plus habiles ingénieurs et officiers d'artillerie, dont il sauva plusieurs de la guillotine pour se les associer, entre autres l'habile et vertueux général d'Arçon. Alors il déploya tous les ressorts de son étonnant génie et de ses sublimes talents dans toutes les parties de l'art de la guerre. Deux généraux habiles, tirés des rangs inférieurs et de la classe plébéienne, Pichegru et Jourdan, qui regagnèrent la confiance des troupes et rendirent aux soldats leur énergie naturelle, secondés par des états-majors choisis, dressés et organisés par l'habile Carnot, exécutèrent ses plans avec tant de précision, que la campagne de 1794 rétablit la gloire des drapeaux français et leur ouvrit une carrière brillante de victoires et de conquêtes, qui leur assure une gloire ineffaçable.

« C'est Carnot qui est en France le créateur du nouvel art militaire, que Dumouriez n'a eu que le temps d'esquisser et que Bonaparte a perfectionné. Carnot s'est plié à servir sous l'obscure tyrannie de Robespierre, ne tendant qu'au but unique de faire connaître à sa nation sa force et ses ressources. Cette utilité inappréciable excuse quelques écarts de sa conduite personnelle, qu'on ne doit attribuer qu'aux circonstances de la Révolution. Carnot sera regardé par la postérité comme un philosophe austère, un parfait citoyen, un bon époux et un grand homme. » (*Mé-moires de Dumouriez,* tome IV.)

Le 2 juin 1793, la commune de Paris, excitée par les meneurs du club de l'Évêché et du club des Jacobins, avait fait sommation à la Convention d'avoir à mettre en accusation vingt-six représentants du peuple, qu'elle accusait du soulèvement des partisans de la Gironde. Les canonniers de la ville se rendirent devant l'Assemblée, commandés par Henriot, et exigèrent que ces représentants fussent livrés au peuple. L'Assemblée refusa énergiquement. Marat soutenait la proposition des insurgés, qui assiégeaient la salle des séances, tenaient la Convention prisonnière et finirent par l'envahir. Carnot, qui était à l'armée du Nord, protesta contre cette violation de la représentation nationale.

Rentré à Paris, placé, au milieu de circonstances exceptionnelles et terribles, à la direction suprême des armées françaises, investi de la confiance absolue de la nation, Carnot ne prit plus de repos; son activité devint extrême, son dévouement sans bornes; mais il ne changea rien à sa modeste existence. Sa

frugalité était proverbiale, comme l'austérité de ses
mœurs. Au milieu de collègues dissolus, dans des
temps troublés, où les saines notions de la morale
s'obscurcissent aisément, Carnot resta ce qu'il fut
toujours, un patriote honnête, un modèle à tous les
points de vue. Il habitait rue Saint-Florentin numéro 2, avec son frère Carnot-Feulin, qui l'aidait
souvent dans ses travaux. Il travaillait dix-huit
heures par jour, sans le secours d'aucun secrétaire.
Cette vie patriarcale à une époque aussi tourmentée,
cette sobriété, cette allure simple, étaient très remar-
quées. En voici une preuve.

Nous extrayons du *Journal de voyage d'une pro-
vinciale à Paris en 1793* cette curieuse citation :

« Danton nous a amené un petit homme en cu-
lottes courtes, coiffé à la Jean-Jacques-Rousseau,
avec un habit gris, qui a l'air d'un sous-chef du ministère.

« Il se nomme Carnot.

« C'est un travailleur obstiné, qui passe sa vie à
aller de la rue Saint-Florentin aux Tuileries, où il
fouille les anciens cartons.

Révoltés bretons.

« Quand il va à l'armée, il ôte son habit gris pour prendre un habit de général ; puis, la bataille gagnée, il reprend son habit et revient faire son plan.

« Je m'émerveille quand je pense que ce petit homme, qui a à peine cinq pieds deux pouces et qui ne boit que de l'eau, va aller, avec sa culotte courte et son habit gris, combattre le duc d'York, frère du roi d'Angleterre, qui a six pieds de haut et qui boit dix bouteilles de vin après son dîner !... »

Du même cet extrait encore :

« Jourdan a livré, à Wattignies, une grande bataille d'où dépendait le salut de la France.

« Le petit homme était là.

« Il avait mis son habit de général et s'était battu deux jours.

« Puis il avait remis son habit gris, était revenu à Paris et avait annoncé que Jourdan venait de remporter une grande victoire.

« De lui-même il n'avait pas dit un mot. »

La France était envahie de toutes parts. La

Prusse, l'Autriche, le Piémont, poussés par les émigrés, avaient pris les armes contre nous. L'Angleterre, la Hollande, l'Espagne et l'empire d'Allemagne suivirent cet exemple. Jamais un pays ne fut placé dans des circonstances plus épouvantables.

A l'intérieur, l'insurrection était partout. La Provence et une grande partie du Languedoc se révoltaient. Les Marseillais entraînaient tout le Midi et occupèrent Avignon. Le Gard, l'Ardèche, l'Hérault, se soulevaient. Lyon et toutes les villes des environs prenaient les armes; Grenoble suivait le mouvement. La Vendée était en insurrection depuis longtemps, et la guerre y continuait sans résultat. Les Vendéens marchaient sur Angers.

Au nord, les sièges de Valenciennes, de Condé et de Mayence avaient arrêté pendant trois mois les puissances ennemies qui cherchaient à démembrer la France et à se partager ses lambeaux; comme elles avaient fait tout récemment de la Pologne. Depuis le mois de mars le roi de Prusse assiégeait Mayence, et il s'en était emparé; Condé capitula aussi; Valenciennes était assiégée par le duc d'York et subissait un effroyable bombardement. Carnot pressa Custine, qui commandait l'armée du Nord, de secourir Valenciennes; mais celui-ci n'en fit rien, et la place fut obligée de capituler. Custine fut arrêté et enfermé à la prison de l'Abbaye. La situation paraissait perdue, car les armées ennemies se disposaient à marcher

Danton.

sur Paris. La nécessité d'un gouvernement fort s'imposa à tous les yeux. « Il faut, dit Danton, ériger le comité de Salut public en gouvernement provisoire, et que les ministres ne soient que ses agents. » Cette proposition fut acceptée. C'est à ce moment-là que Barrère, éclairé enfin par le danger de la patrie,

proposa de faire entrer Carnot au comité de Salut
public. Robespierre, qui fut toujours l'ennemi de
Carnot, résista ; mais, Couthon et Saint-Just ayant
partagé l'avis de Barrère, Carnot fut invité à prendre
la direction de la guerre, avec Prieur (de la Côte-d'Or),
qui refusa d'entrer au comité si Carnot n'y entrait pas
avec lui et qui, officier de génie comme lui, exprima
dès le début ses intentions de n'être que le second
du grand organisateur. Carnot allait être pour l'armée ce que Cambon était pour les finances.

Il n'y eut plus dès lors, dans le peuple comme à
la Convention, qu'une pensée unique : repousser
l'invasion. L'Assemblée publia le 23 août le décret
suivant, qui est resté célèbre :

Dès ce moment, jusqu'à celui où les ennemis auront
été chassés de ce territoire, tous les Français sont en ré-
quisition permanente pour le service des armées ;

Les jeunes gens iront au combat ; les hommes mariés
forgeront les armes et transporteront les subsistances ; les
femmes feront des tentes, des habits, et serviront dans les
hôpitaux ; les enfants mettront le vieux linge en charpie ;
les vieillards se feront porter sur les places publiques pour
exciter le courage des guerriers, enseignant la haine des
rois et l'unité de la République ;

Les maisons nationales seront converties en casernes,
les places publiques en ateliers d'armes; le sol des caves
sera lessivé pour en extraire le salpêtre;

Les armes de calibre seront exclusivement remises à
ceux qui marcheront à l'ennemi; le service de l'intérieur
se fera avec des fusils de chasse et l'arme blanche;

Les chevaux de selle sont requis pour compléter les
corps de cavalerie; les chevaux de trait conduiront l'artillerie et les vivres.

Tous les artistes et ouvriers sont à la disposition du comité de Salut public pour la fabrication des armes. Les
propriétaires, fermiers et possesseurs de grains seront
requis de payer les deux tiers de leurs contributions en
nature pour assurer la subsistance des armées. Des représentants du peuple seront envoyés dans les départements
pour accélérer, de concert avec les délégués des assemblées
primaires, le recrutement des armes et la levée des hommes.

Le comité de Salut public est chargé des mesures nécessaires pour établir sans délai une fabrication extraordinaire d'armes de tous genres, qui réponde à l'élan et à
l'énergie du peuple français.

C'était, on le voit, la levée en masse. En fait, l'on
n'appela à marcher au combat que les citoyens non
mariés ou veufs sans enfants de dix-huit à vingt-cinq
ans. On en forma un bataillon par district, et des
représentants du peuple furent envoyés dans les

provinces pour procéder à l'organisation de cette levée. La France devint un camp immense.

Aidé par Prieur (de la Côte-d'Or), son compatriote, qui fut chargé du matériel, des armements, des munitions, des hôpitaux, et par Lindet, qui s'occupait plus spécialement de l'approvisionnement des troupes et devint l'intendant général des armées, Carnot prit en main l'ensemble de la direction de la guerre. Les plus illustres savants, Fourcroy, Monge, Guyton de Morveau, Berthollet, Vauquelin et bien d'autres se mirent à la disposition du comité de Salut public pour fabriquer les armes et la poudre. Le salpêtre fut extrait des caves, des étables; les cercueils de plomb furent fondus; les cloches devinrent des canons. Deux cent cinquante-huit forges furent installées sur les places publiques et sur les promenades de Paris et fabriquèrent mille fusils par jour. Les nouveaux soldats arrivaient de toutes parts. Une *École de Mars* fut installée à la hâte dans la plaine des Sablons, entre Neuilly et Paris, et là l'on instruisit en quelques semaines les sous-officiers les plus intelligents pour en faire des officiers. « La Révolution, disait Barrère, est à l'esprit humain ce que le soleil

Lazaro Hoche.

d'Afrique est à la végétation. » Carnot forma cent quatre-vingt-dix-huit demi-brigades d'infanterie de ligne et trente demi-brigades de cavalerie légère. La demi-brigade était le nouveau nom donné au régiment. Elle était commandée par un colonel. L'habit blanc fut remplacé par l'habit bleu. L'artillerie et le génie furent reconstitués.

La marche de l'ennemi sur Paris était lente et hésitante. Cobourg désirait envahir la Lorraine ; des difficultés se produisirent parmi les alliés sur le plan de campagne à suivre. Cobourg reçut l'ordre d'assiéger le Quesnoy, et le duc d'York assiégea Dunkerque. Carnot vit immédiatement la faute qu'ils commettaient en arrêtant leur marche sur Paris : il en tira parti. L'ennemi avait dispersé ses forces, qui s'élevaient à cent soixante mille hommes, en petits corps entre la mer et la Moselle. Une autre armée ennemie, forte de cent vingt mille hommes, prenait position entre la Moselle et le Rhin. Carnot fit comprendre à ses collègues du comité de Salut public qu'il y avait lieu, en pareille circonstance, de mettre en pratique le système militaire du grand Frédéric de Prusse : agir par grandes masses compactes, concentrer sur le point décisif des forces supérieures à celles de l'ennemi et négliger tout le reste. Mais comme les recrues nouvelles n'étaient organisées qu'en partie, Carnot fit décider que l'on allait distraire un corps de trente-cinq mille hommes de l'armée qui opérait entre le Rhin et la Moselle pour renforcer l'attaque contre les Anglais vers Dunkerque. Ce coup était très audacieux et pouvait manquer, si le roi de Prusse eût pensé à en profiter pour envahir en toute hâte la Lorraine. Au lieu de trente-cinq mille hommes, douze mille seulement arrivèrent. Carnot fit renforcer rapidement la garnison de Dunkerque, qui était trop faible ; il lança une flottille de canonnières, qui battit en flanc le camp ennemi, installé dans les dunes, près le marais de la Grande Moëre. Il courut au camp pour donner ses ordres au général français Houchard et lui expliqua son plan en détail. Avec cinquante mille hommes, il enveloppa l'armée anglaise entre Furnes, Bergues, Dunkerque et la mer. La garnison de Dunkerque fit des sorties terribles. Parmi les assiégés se trouvait un jeune officier dont Carnot avait deviné le génie naissant : c'était Lazare Hoche. Houchard ne sut pas exécuter les mouvements ordonnés par Carnot : au lieu de cerner l'ennemi, il l'attaqua de front, le 6 septembre 1793. Heureusement Jourdan, un jeune général qui avait suivi Rochambeau en Amérique et qui avait été élu commandant des volontaires de Limoges, en 1792, comprit les fautes de Houchard. Il commandait le centre de l'armée, placé en avant de Killem. Comme Houchard ne donnait pas d'ordres au moment de l'attaque du village de Hondschoote, Jourdan, blessé, s'écria : « Si nous n'attaquons pas, nous sommes perdus ! » Le commissaire de la Convention, Levasseur, qui se trouvait auprès de lui, lui demanda ce qu'il fallait faire : « Cesser le feu, répondit Jourdan, et battre la charge. » Son avis fut suivi immédiatement, et les deux généraux Houchard et Jourdan, assistés des deux commissaires civils Levasseur et Delbrel, se mirent à la tête des troupes, l'épée à la main. Ils enlevèrent les redoutes des Hanovriens, qui prirent la fuite vers Furnes. La journée de Hondschoote fut acclamée à Paris avec enthousiasme ; mais Houchard ayant été battu par les Hollandais à Werwick et à Ménin, Carnot le fit révoquer, et il fut, malgré lui, arrêté et fusillé. Carnot remplaça Hou-

chard par Jourdan et marcha avec lui vers Avesnes.
Son objectif était le dégagement de Maubeuge bloqué
par Cobourg. C'était là le nœud de la situation. Le
comité de Salut public hésitait à livrer une bataille
qui pouvait tout perdre, mais Carnot l'y décida en
promettant de diriger lui-même les opérations. Les
troupes étaient nombreuses, mais mal équipées : elles
n'avaient pas de souliers. Composées de jeunes gens
mal préparés au dur métier des armes, elles étaient
dépourvues d'équipages et d'approvisionnements. Un
grand nombre de soldats n'avaient que des piques,
la cavalerie était insuffisante. Carnot, le 13 octobre,
s'avança sur Avesnes, qu'occupait Cobourg. Ce vail-
lant guerrier avait dit : « Si les Français me chassent
d'ici, je me fais républicain. » — « Allons, criaient les
soldats, allons sommer le citoyen Cobourg de tenir
sa parole! » Carnot ordonna à Jourdan de s'emparer
de Wattignies, qui était la clef de la position; mais
l'on ne pouvait attaquer ce village qu'après avoir
pris Doulers. Jourdan, trouvant l'attaque sur Doulers
prématurée, refusa d'abord. « Pas trop de prudence,
Jourdan! » lui dit Carnot. Jourdan, vivement blessé
par cette parole, court à l'ennemi; mais en arrivant

à Douleès un feu roulant d'artillerie massacre notre infanterie. La lutte devient terrible. Le village et le château sont enlevés à la baïonnette; mais l'ennemi, retranché derrière un mur, jonchait le sol de cadavres tués à bout portant. Jourdan se battait en simple fantassin; désespéré, il cherchait la mort. Une colonne ennemie prit la nôtre en flanc. Carnot, voyant le danger et reconnaissant que la position n'était pas tenable, consentit à la retraite. Le lendemain la bataille recommença, mais Carnot fit porter le principal effort de nos troupes sur Wattignies. Ainsi, le lendemain d'un échec, il entreprenait l'opération audacieuse qu'il n'osait risquer la veille. Il jouait sa tête : car dans les circonstances actuelles c'était lui seul qui avait accepté toute la responsabilité. Dans la nuit il apprit que l'armée française avait été battue à Wissembourg. Tout était perdu s'il ne triomphait pas le lendemain à Wattignies. Il fallait vaincre ou mourir. « Vous prenez toute la responsabilité, lui dit Jourdan. — Je me charge de tout, » répondit Carnot. Le 16 octobre, Carnot et Jourdan, leurs chapeaux à panaches à la pointe du sabre, s'avancèrent sur Wattignies avec vingt-quatre mille hommes. Les soldats montèrent à l'assaut en chantant, les pieds nus. Deux fois l'artillerie ennemie repoussa nos fantassins. Carnot plaça des canons sur les hauteurs voisines de celle de Wattignies et répondit au feu des Autrichiens. Au troisième assaut, qui fut effroyable, les jeunes soldats couraient à la mort en chantant la *Marseillaise* et *Ça ira*. Ils enlevèrent le plateau de Wattignies et poursuivirent les Autrichiens jusqu'à Glarges, au-dessus de Wattignies. C'est là que la cavalerie ennemie les attendait. Elle rompit notre infanterie. Carnot descend de cheval, prend un fusil, se met à la tête de la brigade, la rallie, l'encourage de la voix et du geste. Carnot-Feulin, son frère, amène en toute hâte douze pièces d'artillerie sur le flanc de la cavalerie autrichienne et la bouscule. Jourdan et le représentant Duquesnoi arrivent à la tête de leur colonne et prennent part au combat. Ce fut une affreuse boucherie.

L'armée ennemie se retira, et les deux représentants du peuple, arrivés sur le sommet de Glarges, s'embrassent avec effusion aux cris mille fois répétés de « Vive la république ! » Cobourg, comprenant l'importance de la victoire de Carnot, leva le siège

de Maubeuge et repassa la Sambre dans la nuit. Le
général Chancel, qui s'était opposé pendant la bataille à la sortie des troupes de Maubeuge, et le
général Davesnes, qui au même moment avait mal
exécuté les ordres de Jourdan, furent fusillés. Le
comité de Salut public et Carnot demandèrent à
Jourdan de franchir la Sambre et de poursuivre Cobourg; mais le général en chef exposa le dénuement
et la mauvaise organisation de ses jeunes soldats; il
trouvait l'entreprise téméraire et pensait qu'il fallait
commencer par refaire ses troupes, rassembler du
matériel et surtout des approvisionnements. Après
bien des hésitations, Carnot se rendit à l'avis de
Jourdan; mais il eut beaucoup de peine à le faire
adopter par ses collègues du comité de Salut public.
L'hiver se passa en préparatifs. Les nouvelles
recrues furent instruites et enrégimentées dans les
bataillons déjà formés. Au lieu de les constituer en
régiments nouveaux, n'ayant ni expérience ni tra-
ditions, l'on préféra, avec raison, les encadrer au
milieu de soldats ayant vu le feu. Carnot introduisit
dans tous les corps une discipline de fer. Cette
mesure, loin de susciter des réclamations, fut au

contraire adoptée partout avec satisfaction. L'armée comprit que le succès était à ce prix.

L'activité de Carnot pendant cet hiver de 1793 à 1794 fut immense et féconde. Il plaça Hoche à la tête de l'armée de la Moselle. C'est à Carnot que l'on doit Hoche. Un jour, au comité de Salut public, il fut frappé par la lecture d'un rapport du jeune officier. Il le montra à ses collègues en disant : « Bien que vous ne vous occupiez pas de la guerre, lisez ce rapport, il vous intéressera : il a été fait par un jeune homme qui ira loin. » Robespierre le lut et s'écria : « Voilà un jeune homme bien dangereux ! » Carnot, très habitué aux injures de Robespierre, ne répondit pas ; mais il fit avancer très rapidement Hoche. Pichegru fut mis à la tête de l'armée du Rhin ; il avait trente-deux ans, et Hoche vingt-cinq. Carnot, apprenant les mouvements de l'ennemi, qui avait repris bientôt l'offensive, bien que l'hiver fût rigoureux, ordonna à Hoche d'opérer sa jonction avec Pichegru. Le jeune général n'avait pas encore, malgré tous ses mérites, la science militaire que de savantes manœuvres nécessitaient. Il fut repoussé par le duc de Brunswick, le 30 novembre, dans la vallée de la Lauter. Hoche opéra sa retraite dans le plus grand ordre. Carnot se rendit compte des difficultés de l'opération, et, loin de blâmer Hoche, il lui écrivit la lettre suivante : « Un revers n'est pas un crime, lorsqu'on a tout fait pour mériter la victoire; ce n'est point sur les événements que nous jugeons les hommes, mais par leurs efforts et leur courage. Notre confiance te reste; rallie tes forces, marche et dissipe les hordes royalistes. Nous t'envoyons dix mille hommes de l'armée des Ardennes : tâche d'instruire Landeau que tu viens à son secours, et vois en attendant si, en te joignant à Pichegru, il te serait possible de battre l'armée ennemie qui le retient devant Strasbourg. »

Après quelques hésitations, les troupes de Hoche consentirent à marcher, au mois de décembre, sans tentes et sans équipages, et elles opérèrent leur concentration avec l'armée de Pichegru, après des combats journaliers à Hagueneau, Reichshoffen, Wœrth, Frœschwiller, villages qui devaient par la suite voir la défaite des armées françaises et le triomphe des armées prussiennes. Hoche battit encore les Autrichiens à Soultz, où les deux généraux se rencontrèrent. Pichegru prit alors le commandement des deux armées. Il ne le garda que pendant quelques jours : car deux délégués civils, pénétrés des sentiments de Carnot à l'égard de Hoche, donnèrent la direction générale à celui-ci. Hoche ordonna alors une attaque générale; il attaqua en même temps vers Lauterbourg, sous le commandement de Desaix, vers Wissembourg, où il commandait en personne, vers Kaiserlautern et Anwiller. Il emporta d'assaut les hauteurs de Geisberg et força les redoutables lignes de Wissembourg. L'armée prussienne se replia sur Mayence, et Hoche occupa le Palatinat, puis s'empara de toute l'Alsace, que l'ennemi fut forcé d'évacuer.

Carnot, dont le plan avait réussi, rendit compte dans les termes suivants de ces opérations :

« Dès l'ouverture de la campagne, dit Carnot dans son rapport sur la reprise des quatres places, le comité de Salut public avait senti la nécessité de s'écarter, dans le cours de cette guerre, des routes usitées... Il résolut donc, au lieu d'attaquer l'ennemi dans la trouée qu'il avait faite, de se porter sur ses deux flancs, de le cerner, de lui couper ses communications, et de le réduire enfin à l'option ou d'abandonner le territoire envahi ou d'y rester lui-même enfermé et d'y périr. Ce plan, suivi avec persévérance par le Comité, exécuté avec autant d'énergie que de talent par les généraux, consommé enfin par la ténacité et le courage incomparable des soldats de la République, qui a fait crouler en un moment tout cet échafaudage de conquêtes... Cobourg nous vit tout à coup sur ses derrières, et il n'eut le temps que de se retirer honteusement du labyrinthe où il s'était engagé.

« Rappelé à la défense de ses foyers, il espérait au moins nous faire consumer le reste de la campagne sans événements décisifs... Mais on lui préparait sur les bords de la Moselle un rassemblement de cinquante milles braves qui, recevant tout à coup l'ordre de venir, à travers les Ardennes, prendre en flanc l'armée ennemie, et conduits avec autant de bonheur que de sagesse par Jourdan, rompirent bientôt l'équilibre et fixèrent la victoire sur les bords de la Sambre et de la Meuse, pendant que Pichegru la fixait, de son côté, sur les bords de la Lys et de l'Escaut, par six batailles sanglantes et autant de villes prises.

« Ces succès répondirent tellement aux espé-
rances du comité de Salut public, que l'arrêté par
lequel il avait déterminé le plan de la campagne,
au commencement, a plutôt l'air d'une inspira-
tion que d'un projet soumis aux hasards des
combats. »

Pendant que la victoire revenait au nord, la
Vendée insurgée battait les troupes républicaines
commandées par Rossignol, Ronsin, Canclaux et
Aubert-Dubayet. Malgré Carnot, le comité avait décidé d'écarter absolument tous les officiers d'origine
nobiliaire, quels que fussent leur capacité et leur
dévouement. Carnot, qui comprenait tout ce qu'il y
avait d'injuste et de dangereux dans cette mesure,
eut l'air de l'accepter, mais en fait il conserva plusieurs nobles, dont les mérites, l'expérience et le
dévouement étaient indiscutables. Il en employa
d'autres dans des missions spéciales, dans les travaux du ministère, en leur faisant dissimuler leurs
noms. Enfin, grâce à la direction imprimée par
Carnot aux opérations militaires, Marceau et Kléber
parvinrent à envelopper et à écraser les Vendéens à
la fin de décembre 1793. Il en fut de même à Lyon,

qui capitula en octobre. Toulon avait été pris par les Anglais ; il s'agissait de reprendre cette place importante. Dans l'armée assiégeante se trouvait un jeune officier d'artillerie corse, Bonaparte, qui s'était signalé à la reprise d'Avignon. Robespierre lui fit donner la

Kléber.

direction de l'artillerie du siège. Bonaparte étudia sérieusement la situation de la place de Toulon, il envoya un plan d'attaque au comité de Salut public. Carnot en fut frappé, comme il l'avait été quelques semaines auparavant du rapport de Hoche ; il adopta le plan de Bonaparte, le refondit avec un autre plan qu'avait envoyé le général Dugommier, et il en confia l'exécution au jeune officier, qui, le 17 décembre, arriva à s'emparer de Toulon. C'était là une opération de la plus haute difficulté et qui fit le plus grand honneur à Bonaparte et à Carnot.

CHAPITRE IV

Hostilité des jacobins contre Carnot. — Sa probité. — L'École
polytechnique est créée par lui. — Libération du territoire. —
Victoire de Fleurus. — Chute de Robespierre. — Demande
de mise en accusation contre Carnot. — L'œuvre de Carnot.

1794-1795

Le grand conventionnel ne s'occupait pas seulement des opérations de guerre ; il prenait souvent la
parole à l'Assemblée et s'intéressait activement aux
événements qui se produisaient à l'intérieur. Il avait
créé quatorze armées, remporté la victoire de Wattignies, forcé l'étranger à quitter la France, pacifié
la Vendée, repris Lyon et Toulon. Au sein du comité
de Salut public, il était constamment en hostilité avec
Robespierre, Couthon et Saint-Just, dont les excès
l'irritaient. Robespierre l'accusa ouvertement d'indifférence, parce qu'il ne s'associait pas à ses ven-

geances. Saint-Just proposa de l'expulser du Comité comme coupable de modérantisme. « Tu en sortiras avant moi! » lui répondit Carnot. « Nous ne pouvons nous passer de lui, dit Robespierre, qui n'entendait rien à la guerre, mais dès que la guerre sera terminée sa tête tombera. « Va, tu n'es qu'un lâche tyran, » lui dit Carnot.

Un jour, les jacobins lui ayant demandé son adhésion au culte de la Raison, qu'ils venaient de proclamer, Carnot leur fit une réponse très digne, dans laquelle il exposa ses croyances spiritualistes.

La voici :

« Un peu de philosophie, a dit un homme célèbre, mène à l'athéisme; beaucoup de philosophie ramène à l'existence de la divinité. C'est qu'un peu de philosophie produit l'orgueil, qui ne peut rien souffrir au-dessus de soi, et que beaucoup de philosophie découvre à l'homme des faiblesses en lui-même, et hors de lui des merveilles qu'il est forcé d'admirer.

« Nier l'Être suprême, c'est nier l'existence de la nature, car les lois de la nature sont la sagesse suprême elle-même. Qu'est-ce que l'Être suprême, si ce

n'est la grande vérité qui contient toutes les vérités,
l'ordre éternel de la nature, la justice immuable,
la vertu sublime qui embrasse toutes les vertus,
l'affection qui renferme toutes les affections pures?

« Quoi! l'amitié n'existerait pas? Quoi! la paix
de l'âme, la douce égalité, la tendresse maternelle,
la piété filiale seraient autant de chimères? Il n'y
aurait sur la terre ni justice, ni humanité, ni amour
de la patrie, ni consolation pour celui qui souffre,
ni espérance d'un meilleur avenir? Eh bien! ce sont
toutes ces choses ensemble qui sont l'Être suprême;
il est le faisceau de toutes les pensées qui font
le bonheur de l'homme, de tous les sentiments
qui sèment des fleurs sur la route de la vie. Invo-
quer l'Être suprême, c'est appeler à son secours le
spectacle de la nature, les tableaux qui charment
la douleur, l'espérance qui console l'humanité
souffrante. »

Deux fois Carnot fut élu président de la Convention, et il fut en outre chargé plusieurs fois de rapports importants, notamment des suivants :

1° La suppression du conseil exécutif et son remplacement par des commissions particulières ;

2° La reprise des quatre places de la frontière du nord ;

3° La réunion de la Belgique à la France ;

4° La manufacture extraordinaire d'armes établie à Paris ;

5° La fête en l'honneur de J.-J. Rousseau ;

6° Le journal militaire *le Défenseur de la patrie*.

Ses talents n'étaient égalés que par sa haute probité. L'on cite de lui des traits caractéristiques. Un jour, la compagnie de fournitures militaires Lanchère se présenta pour soumissionner dans des conditions acceptables pour l'État. Elle obtint la fourniture. Or, sous la monarchie et même dans les premiers temps de la République, il était d'usage en pareil cas d'offrir au ministre ce que l'on nommait un *bouquet :* c'était une commission en argent, une sorte de don destiné évidemment à rendre le ministre et ses bureaux favorables à l'entreprise ou à la fourniture. La compagnie Lanchère envoya, selon l'usage, son représentant au chef du ministère de la guerre, qui se trouvait être Carnot, et il lui remit dans un portefeuille cinquante mille francs. Carnot n'était pas riche, et personne n'eût trouvé à redire. Comme il paraissait étonné, le représentant de la compagnie lui rappela que le *bouquet* était un usage ancien et reçu dans les ministères, et il s'excusa de l'exiguïté de ce cadeau, disant que la fourniture n'était pas très favorable à la compagnie, mais qu'elle priait Carnot de vouloir bien ne pas trop faire attendre les signatures des mandats à délivrer pour les payements au fur et à mesure des fournitures. « Je vais vous donner de suite un acompte, » répondit simplement Carnot. Puis, prenant le portefeuille d'une main, il le passa dans l'autre et le remit au représentant de la compagnie, en ajoutant : « Voilà cinquante mille francs payés d'avance sur votre fourniture. Vous allez en donner quittance à la caisse des bureaux de la guerre. »

Il s'occupa tout spécialement de l'organisation de l'Institut de France, du Conservatoire des arts et métiers, de l'École militaire destinée à instruire les jeunes officiers. Il fut le créateur de l'École polytechnique, qui fournit à la France tant de savants et d'ingénieurs distingués. Voici ce que publiait un journal de Liège à ce sujet, en 1816, au moment où l'École polytechnique fut licenciée à cause de ses idées libérales :

« L'École polytechnique qui vient de tomber...

est une institution due au génie de Carnot, pour lequel tous les élèves avaient une admiration et un attachement qui ressemblaient à un culte. Ce général, aussi habile homme d'État que grand mathématicien, avait naturalisé dans cette école un amour pour la patrie qui ne connaissait ni privations ni sacrifices. Tous les élèves avaient, à la vérité, une teinte républicaine empruntée de leur fondateur ; mais l'austérité de leur principe, quoique fortifiée par une éducation toute romaine, cédait chez eux à la soif de la gloire, à leur dévouement pour la patrie, pour laquelle ils seraient morts quel que fût le gouvernement. Cette école fournissait d'excellents officiers d'artillerie et du génie. La marine, le génie civil, les mines, toutes branches qui doivent leur prospérité à l'instruction dans les sciences exactes, tenaient leur éclat de cette belle institution, la première de l'Europe. »

Au milieu des querelles violentes des girondins, des hébertistes, des montagnards, Carnot et ses amis les organisateurs de la défense nationale avaient la conviction profonde qu'il ne fallait pas modifier la direction suprême de la guerre et que le maintien du gouvernement révolutionnaire était encore néces-

saire. La concentration active et vivante de toutes les forces dans les mains du comité de Salut public leur paraissait le seul moyen de sauver la France. Ils se décidèrent même, à la fin de mars 1794, à supprimer les ministres qui entravaient leur action et gaspillaient les fonds depuis 1792. Les comités de Salut public et de Sûreté générale ayant été convoqués dans la nuit du 29 au 30 mars, Carnot donna lecture d'un plan qui complétait les mesures précédemment prises pour l'organisation du gouvernement révolutionnaire, et qui faisait disparaître le ministère. Les six ministres étaient remplacés par douze commissions. Saint-Just, qui ne rêvait que proscriptions et qui voyait partout des traîtres, demanda la mise en accusation de Camille Desmoulins, Danton, Hérault de Séchelles, Fabre d'Églantine, etc...
« Vous n'avez, lui dit Carnot, que des soupçons et pas une preuve contre Danton. N'élevons pas de querelles sanglantes contre les hommes qui ont travaillé ensemble à fonder la République. Si vous frayez le chemin de l'échafaud aux représentants du peuple, nous passerons tous successivement par ce même chemin. » Toutefois Carnot et Prieur, suivant

le principe qu'ils s'étaient fait de ne pas rompre l'unité du gouvernement révolutionnaire, cédèrent à la majorité et signèrent le rapport qui amena l'arrestation de leurs collègues. Le vertueux Lindet refusa : « Je suis ici, dit-il, pour nourrir les citoyens et non pour tuer les patriotes ! » « La Révolution, comme l'avait dit Vergniaud, dévorait ses propres enfants. »

Au printemps de 1794, les opérations militaires recommencèrent. Carnot avait à diriger sept cent vingt mille hommes. C'était la nation armée qui défendait l'intégrité du sol de la patrie. Le ministre anglais Pitt soutenait avec l'argent de l'Angleterre les troupes allemandes. Carnot avait médité profondément son plan de campagne et la direction des quatorze armées qu'il avait organisées. Il avait donné pour instruction aux généraux d'attaquer toujours, de marcher à la baïonnette, de ne procéder que par grandes masses et de concentrer l'effort sur un ou deux points chacun seulement. Entre la mer et le Rhin il plaça deux cent quatre-vingt-quatre mille hommes contre trois cent quinze mille soldats ennemis. Il voulait, au midi, chasser les Espagnols, qui occupaient les

Pyrénées-Orientales ; aux Alpes prendre le Petit-Saint-Bernard et le mont Cenis. A l'ouest, les Vendéens ayant repris les armes, il désirait en finir et préparer une descente en Angleterre. Au nord, Carnot eût désiré donner le commandement à Hoche ; d'autres désiraient le confier à Jourdan, qui, après Wattignies, avait été placé en non-activité et s'était retiré dans son magasin de mercerie de Limoges. Saint-Just se laissa séduire par les manœuvres du fourbe Pichegru, qui obtint la direction des armées du Nord et des Ardennes. Hoche, devenu suspect à Saint-Just, fut arrêté à l'armée d'Italie et enfermé à la Conciergerie, d'où il sortit heureusement peu de temps après, grâce à Carnot. Pichegru reçut l'ordre de Carnot de livrer une grande bataille entre l'Escaut et la Lys et de s'emparer d'Ypres. « La défensive, lui écrivit-il, nous déshonore et nous tue. C'est tout perdre que de ne pas écraser jusqu'au dernier de nos ennemis d'ici à trois mois, car ce serait à recommencer l'année prochaine, ce serait périr de faim et d'épuisement. » Il voyait très clairement qu'il serait impossible de soutenir l'effort prodigieux que la France faisait, et que, dans les circonstances effroyables où elle se trouvait, la plus extrême audace était la sagesse même. Mais Pichegru se laissa devancer par l'ennemi, qui, prenant l'offensive, commandé par l'empereur François II, repoussa notre armée à Landrecies le 17 avril, et s'empara de la ville ; Pichegru battit pourtant le général autrichien Clairfayt en avant de Lille et prit Menin ; puis, conformément aux instructions de Carnot, se maintenant entre l'Escaut et la Lys, il battit encore une fois Clairfayt le 11 mai, près de Courtrai, mais il fut lui-même battu près de Tournai. Renouvelant le procédé qui lui avait réussi l'année précédente, Carnot dégarnit l'Est pour renforcer le Nord. Il avait fait donner à Jourdan un nouveau commandement, celui de la Moselle, et, en outre, celui de la Sambre. Jourdan franchit la Sambre et bombarda Charleroi, qui capitula le 25 juin. Cobourg accourut le jour même avec quatre-vingt mille hommes. Jourdan l'attendit et le tailla en pièces le lendemain à Fleurus. Cette victoire de Fleurus couvrit de gloire Jourdan et son armée. Uni à Pichegru, il poursuivit l'ennemi par des marches savantes en Belgique et le força à prendre la fuite. Dans les Alpes, notre armée exécuta très exactement les instructions de Carnot; elle s'empara des passages du Petit-Saint-Bernard et du mont Cenis. Dumerbion et Bonaparte chassèrent les Piémontais et s'emparèrent des passages du col de Tende. Aux Pyrénées, Dugommier, envoyé à Perpignan, battit les Espagnols

Bataille de Fleurus.

au camp de Boulou. Au mois de juillet, Carnot était parvenu une deuxième fois à délivrer le territoire national de l'étranger. Son plan avait été exécuté point par point.

Pendant que les soldats de la nation se couvraient de gloire, les représentants s'entr'égorgaient à Paris. Carnot, épouvanté de ces luttes fratricides, fit décider par le comité de Salut public, le soir même de l'exécution de Danton, qu'à l'avenir aucun représentant du peuple ne serait mis en accusation. Malheureusement cette décision ne fut pas écoutée par la Convention. La terreur était partout, la discorde régnait au comité de Salut public, et l'hostilité entre Carnot et Robespierre s'aggravait. Pour y mettre fin, Carnot offrit un jour à Saint-Just de prendre à sa place la direction de la guerre. Saint-Just refusa, malgré la haute idée qu'il avait de lui-même, car il vit bien qu'il y allait de l'avenir de la France et de la République. Un autre jour, Carnot reprochait à Saint-Just la mort de Danton ; Saint-Just le menaça du même sort. « Je ne te crains pas, répondit Carnot, ni toi ni tes amis ; vous êtes des dictateurs ridicules. » A la suite de cette scène, qui fut terrible, Carnot, persuadé que Robespierre menait la France aux abîmes, proposa franchement aux deux comités de le mettre en accusation ; les comités ne l'osèrent pas, et l'on essaya une conciliation qui ne dura guère. Robespierre l'emporta, et la Terreur continua. Carnot résista fièrement à Saint-Just et à Robespierre ; le comité de Salut public l'écoutait et suivait ses avis ; il fit supprimer le bureau de police,

instrument actif de Robespierre, et repoussa dédai-
gneusement les projets de Saint-Just de donner la
dictature à Robespierre. Le 12 juillet, les comités
de Sûreté générale et de Salut public se réunirent et
convoquèrent Robespierre et Saint-Just. Ils exposè-
rent les griefs qu'ils avaient contre eux. Ceux-ci
récriminèrent avec aigreur contre Carnot, et l'on se
sépara sans avoir pu arriver à la réconciliation. Le
lendemain, Couthon, qui était partisan de Robespierre, prononça au club des Jacobins un discours
violent contre Carnot, l'accusant d'avoir fait sortir
de Paris une partie des canonniers de la garde nationale, qui passaient pour robespierristes; il osa dire
que dans la Convention il y avait des agents de
l'étranger. Le 25 juillet une députation des jacobins vint devant la Convention accuser le « commissaire du mouvement des armées, Carnot, qui,
dirent-ils, semble s'environner de ténèbres. Il a,
ajoutèrent-ils, de grands moyens à sa disposition
pour la défense de la patrie; ne peut-il pas en abu-
ser pour la trahir? » Cette accusation était une
indignité!

Le lendemain, Robespierre, déchirant les voiles,

prononça à la Convention un grand discours dans lequel il se défendit d'aspirer à la dictature; puis, prenant l'offensive, il se plaignit des injures dont il était l'objet; il attaquait la direction des armées, des finances, de l'administration, et se tressait à lui-même des couronnes de laurier. Il blâmait l'indulgence des modérés du comité de Salut public, les qualifiant d'aristocrates et d'intrigants. Il prophétisait une dictature militaire; il ne visait pas alors Bonaparte, qui était son ami, mais Carnot, son ennemi. Il concluait en demandant l'épuration des deux comités. Cambon, qui dirigeait les finances, lui répondit et le dénonça comme l'auteur des malheurs de la patrie. Robespierre recula et fit des semblants d'excuses. Pour toute réponse, Carnot fit lire les dépêches arrivées à l'instant et qui annonçaient la prise de Nieuport, la prise de Malines et de Bruxelles et l'entrée des Français à Anvers.

Le soir, Collot d'Herbois, qui avait tenu tête à Robespierre au club des Jacobins, arriva au comité de Salut public. Ses collègues étaient là, travaillant à côté les uns des autres. Carnot étudiait des cartes et des plans. Saint-Just écrivait près de lui; Collot

Saint-Just.

d'Herbois, secouant le bras de Saint-Just, lui dit avec fureur : « Misérable ! tu rédiges notre acte d'accusation ! — Tu ne te trompes pas, » répondit-il; puis se tournant vers Carnot : « Tu n'y es pas oublié, non plus, Carnot ! » Il accusa les membres des comités de préparer la mise en accusation de Robespierre. Ils nièrent énergiquement. Une discussion violente s'ensuivit, et elle dura toute la nuit. Le lendemain, le 9 thermidor, à la tribune Saint-Just lut un rapport portant accusation contre Carnot, Barrère, Collot d'Herbois et Billaud-Varennes. L'Assemblée en réponse cria: « A bas le tyran ! » Robespierre, hué de toutes parts, ne put prendre la parole; il fit en vain un appel à la droite, qui lui répondit par des clameurs ironiques. Il criait, et sa voix n'était point entendue : « Le sang de Danton t'étouffe ! » lui cria Garnier de l'Aube. Deux montagnards, Louchet et Lozeau, demandèrent la mise en accusation de Robespierre; son arrestation fut décrétée, et il fut exécuté le lendemain, après avoir tenté de se suicider. Saint-Just, Couthon, Robespierre jeune, Henriot et vingt-deux des leurs eurent le même sort. Le lendemain, soixante-dix membres de la commune de

Paris furent aussi guillotinés. La conciliation tant recherchée se produisit alors. On procéda à de nouvelles élections pour renouveler le comité de Salut public. Carnot seul fut réélu, sa présence à la guerre étant absolument indispensable.

La réaction crut le moment venu d'agir, mais Carnot et quelques-uns de ses collègues s'y opposèrent. Il fut accusé d'avoir signé des ordres sanguinaires, en pleine Assemblée.

« La malveillance se plaint en vain, repartit-il, à citer quelques signatures données par moi à des actes qu'on trouve répréhensibles; il faut expliquer une fois pour toutes ce que c'est que ces signatures; je parle des signatures en second; elles étaient une formalité prescrite par la loi, mais absolument insignifiantes par rapport à celui qui était tenu de la remplir, ce n'était de sa part ni une adhésion expresse ni même un acquiescement donné de confiance; ces signatures enfin n'étaient pas seulement des « certifié conforme », car cela supposerait que le signataire avait lu et collationné, ce qui n'est pas vrai; elles ne sont pas précisément et n'ont jamais été que de simples *vus*, une opération purement mécanique, qui ne prouve rien, qui n'atteste rien, sinon que le rapporteur, c'est-à-dire le premier signataire de la minute, s'est acquitté de la formalité prescrite, de soumettre la pièce en question à l'examen du Comité. Ces visas, néanmoins, quoique insignifiants par rapport à celui qui les donne, ne sont pas pour cela inutiles en eux-mêmes : car ils astreignent le rapporteur à faire passer son travail sous les yeux de ses collègues, ce qui l'expose à une censure, qui se fait très rarement à la vérité, mais qui cependant a lieu quelquefois.

« Voilà comment il est arrivé qu'on a présenté différentes pièces signées de moi dont je n'avais eu connaissance, et même rédigées contre mon gré : par exemple, une instruction relative à la Commission populaire d'Orange, lorsqu'il est de fait que j'ai ignoré très longtemps l'existence de cette commission; une lettre à Joseph Lebon pour étendre ses pouvoirs, lorsqu'il est constant que je demandais perpétuellement au Comité le rappel de Joseph Lebon... On me demande pourquoi l'on signait ainsi ces pièces sans les connaître ? Je réponds : Par la nécessité absolue, par l'impossibilité physique de faire autrement. L'affluence des affaires était trop considérable pour qu'elles pussent être délibérées au Comité... Elles montaient à quatre ou cinq cents par jour. Chacun expédiait dans ses bureaux celles qui étaient attribuées à sa compétence, et on les apportait à la signature ordinairement vers les deux ou trois heures du matin.

« Ces signatures étaient presque toujours données sans aucun examen... Si l'on en faisait un crime aux membres de l'ancien comité de Salut public, tous ceux qui les ont précédés ou suivis seraient également coupables : car cet usage était établi avant eux et il s'observe encore aujourd'hui... *Il est forcé, sous peine de voir périr la chose publique faute d'exécution...* Ce que je viens de dire est connu de la plupart des membres de cette assemblée... La justice la plus rigoureuse veut que vous réduisiez la responsabilité de chacun aux actes qui sont réellement émanés de lui. »

Le 28 mai 1795, la réaction demanda l'arrestation de tous les membres qui avaient siégé dans les comités de Salut public et de Sûreté générale. Le vertueux Lindet fut arrêté ; lorsqu'on arriva à Carnot, il y eut un frémissement dans l'Assemblée, puis un moment de silence. Lanjuinais s'écria, indigné : *Oserez-vous porter la main sur celui qui a organisé la victoire ?* On applaudit, et l'on passa à l'ordre du jour. Carnot et Prieur de la Côte-d'Or seuls furent épargnés.

De nouveaux succès militaires ayant affermi les victoires de l'armée, Carnot réclama l'annexion de la Belgique, comme indispensable au point de vue stratégique. Cette mesure fut votée. Son œuvre étant terminée, Carnot quitta le comité de Salut public ; il fut remplacé par un réacteur nommé Aubri, qui favorisa les intrigants et les contre-révolutionnaires ; le relâchement, l'indiscipline, s'introduisirent dans les armées.

Le résultat de l'œuvre de Carnot avait été immense : vingt-sept victoires, dont huit batailles rangées, cent vingt combats, quatre-vingt mille ennemis tués, quatre-vingt-onze mille prisonniers, cent seize places fortes occupées, deux cent trente forts ou redoutes enlevés, trois mille huit cents bouches à feu, soixante-dix mille fusils, neuf cents milliers de poudre et quatre-vingt-dix drapeaux pris à l'ennemi.

CHAPITRE V

1795-1800

La Convention se sépara le 27 octobre 1795, après trois ans un mois et quatre jours de durée. Ces trois ans comptent dans l'histoire autant que trois siècles. La Constitution nouvelle avait établi deux assemblées : le conseil des Anciens et le conseil des Cinq-Cents. Ces conseils entrèrent en fonction le 27 octobre. Les réactionnaires y siégeaient en grand nombre. Parmi les républicains, Carnot avait été élu au conseil des Cinq-Cents par quatorze départements à la fois. C'était la récompense de la nation à l'*Organisateur de la victoire*. Le gouvernement élu par les

deux assemblées prit le nom de *Directoire*; il se composait de cinq membres : La Réveillère-Lepeaux,
Letourneur, Carnot, Rewbell et Barras. Quelques
jours auparavant, Carnot, qui avait dirigé pendant
deux ans les guerres formidables de la Révolution,
était passé, à l'ancienneté, chef de bataillon du génie.
A part Barras, tous les directeurs étaient des gens
simples de mœurs et probes. Ils s'installèrent au
Luxembourg et commencèrent par prendre les mesures les plus sages et les plus utiles; s'inspirant des
derniers décrets de la Convention, ils réorganisèrent
l'instruction publique et l'Institut, mais ils se trouvèrent aux prises avec les difficultés inouïes qu'occa-
sionnaient la dépréciation énorme des assignats et
les violences honteuses de la presse déchaînée
contre le nouveau gouvernement. D'une part les jacobins, de l'autre les réactionnaires firent au Directoire une guerre injuste, implacable, mortelle.

Carnot fut chargé, dans le Directoire, de la direction de la guerre. Il aida puissamment Hoche dans sa
campagne contre les Vendéens. Il lui confia les trois
armées de Brest, de Cherbourg et de l'Ouest et lui
donna des pouvoirs illimités, dont ce général ne se

Exécution du général Charette.

servit, du reste, que pour amener la pacification, autant par la force des armes que par des mesures sages
de conciliation propres à enlever au parti catholique
toute raison sérieuse d'insurrection. Il cessa, notamment, de traquer les prêtres réfractaires, que ses prédécesseurs fusillaient. « Rien ne contribua davantage,
dit Henri Martin, à éteindre la rébellion. » Charette
fut fait prisonnier et fusillé le 23 mars 1796 ; Georges
Cadoudal fit sa soumission ; la Vendée fut pacifiée.
Carnot, n'ayant plus besoin de troupes nombreuses
comme en 1793 et en 1794, licencia les nouveaux
venus et ne garda que les soldats aguerris. Sur le
Rhin, la trahison de Pichegru avait compromis la
situation. D'un autre côté, Jourdan avait été obligé
de battre en retraite, ne pouvant plus tenir devant les
deux armées que la trahison de Pichegru avait lais-
sées libres de s'unir contre lui. Loin de le blâmer,
Carnot l'encouragea et le consola de son échec ; il lui
écrivit pour lui donner ses instructions, le 9 messidor
an IV :

J'ai partagé, vous n'en doutez pas, digne et brave général, la douleur qu'a dû vous faire éprouver l'espèce d'échec
qu'a essuyé l'aile gauche de votre armée ; mais je suis loin

de m'alarmer sur les suites de cet événement ; un moment
rétrograde n'a souvent eu pour résultat que de porter à
l'ennemi des coups plus sensibles, et tel est le parti que
vous devez tirer et que vous tirerez sans doute de la position où vous êtes.

Vous vous souvenez, citoyen général, que l'hiver dernier, quand vous vîntes à Paris, nous convînmes que vous
ouvririez la campagne par des opérations dont le but serait
d'attirer sur vous, et le plus loin possible de son centre
d'action, qui est Francfort, toutes les forces de l'ennemi.
L'objet en cela était de faciliter au général Moreau le passage du haut Rhin ; or le mouvement que vous venez de
faire, quoique rétrograde, produit cet effet, surtout si l'ennemi se porte jusque devant Dusseldorf, ce qui serait, selon
moi, une chose très heureuse pour nous et une très grande
faute de sa part. Sans doute Dusseldorf ne vous sera pas
enlevé de vive force, l'habileté et le courage du général Kléber nous en répondent. Viendra-t-il donc en faire le siège régulier ? je le voudrais bien ; il périrait de fatigue et de misère
dans le malheureux pays où il aurait engagé son armée et
vous laisserait la faculté d'agir librement sur le haut Rhin,
où nous porterions les plus grandes forces. Il n'attaquerait
pas non plus par Mayence ni par Threnbreistein, car il ne
pourrait le faire qu'en dégarnissant de nouveau le bas Rhin
depuis Dusseldorf jusqu'à la Lahn et en faisant à son tour
un mouvement rétrograde dont sans doute vous auriez pro-
fité. Croire qu'il passera le Rhin en votre présence partout
ailleurs, c'est une supposition qui ne saurait se faire : car
quand il y porterait toutes les forces de ses deux armées,

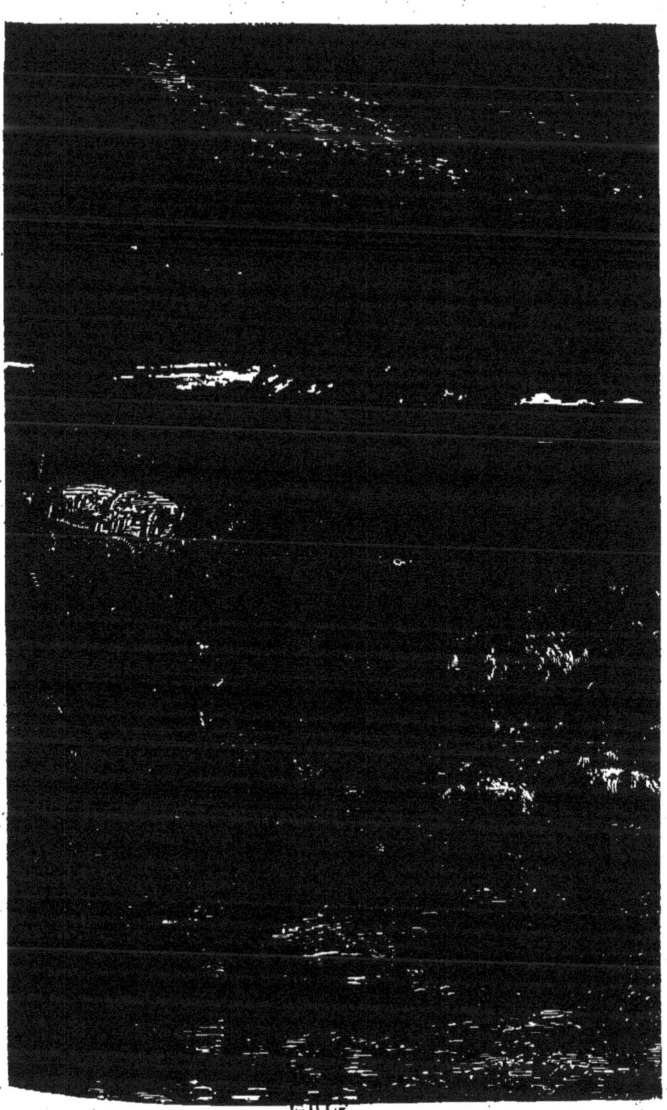

Retraite des Vendéens.

personnel et matériel, certes, avec une armée de quatre-vingt mille hommes accoutumée à la victoire et un pareil fossé devant vous, vous ne le laisseriez pas faire.

Je vois donc, moi, dans ce qui se passe, le commencement d'une campagne glorieuse et décisive en faveur des armées républicaines. Pendant que vous tenez l'ennemi en échec et que, fier en apparence de succès, il va de plus en plus s'engager, Moreau passera le Rhin et gagnera ses derrières. L'ennemi, pressé, quittera précipitamment la Sieg et la Lahn pour faire tête à Moreau. C'est ce mouvement rétrograde auquel il sera forcé dans peu qu'il faut habilement saisir : il faut déboucher brusquement du camp retranché de Dusseldorf et le poursuivre sans lui donner l'instant de respirer, sans s'amuser à chercher des positions. Je vous promets pour résultat la victoire la plus signalée qui ait encore eu lieu depuis le commencement de la guerre.

Il faut convenir que la position de la Lahn est détestable et presque impossible à conserver, parce que l'ennemi a toujours la faculté de se porter sur votre gauche ; aussi n'est-ce pas ce que vous devez jamais tenter. Ce que vous devez faire, c'est d'attirer l'ennemi à une grande et décisive bataille dans son propre pays, sur la rive droite du Rhin, et l'endroit le plus propre pour vous est précisément le lieu où il est actuellement, c'est-à-dire entre Dusseldorf et la Sieg ou la Lahn ; il ne peut manquer d'y être exterminé s'il est bien pris sur le temps et pressé sur ses derrières par le général Moreau.

Voilà, citoyen général, quelles sont les vues sur lesquelles nous sommes tombés d'accord l'hiver dernier, et ce n'est pas lorsqu'elles commencent à s'accomplir qu'il faut perdre l'espoir. Moreau doit être passé, ou il passera bientôt, il en a l'ordre positif. Attirez donc l'ennemi de plus en plus vers vous, et préparez-vous à tomber sur lui avec toutes vos forces au moment de sa retraite.

Gardez-vous, mon cher général, de prendre une attitude défensive; le courage de vos troupes s'affaiblirait, et l'audace de l'ennemi deviendrait extrême. Il faut, je vous le répète, livrer une grande bataille, la livrer sur la rive droite du Rhin, la livrer le plus près possible de Dusseldorf; la livrer au moment où l'ennemi commencera à tourner pour faire face à Moreau, la livrer enfin avec toutes vos forces, avec votre impétuosité ordinaire, et poursuivre sans relâche l'ennemi jusqu'à ce qu'il soit entièrement dispersé.

L'ennemi ne manquera pas de porter sur votre gauche un corps de troupes pour vous tourner et vous arrêter dans votre course; il faut avoir une division exprès pour faire face à ce corps détaché, et qui, soit par sa force, soit par une position inexpugnable, le dispersera ou le contiendra.

J'espère, mon cher général, avoir dans peu de jours à vous féliciter sur une victoire qui sera digne du vainqueur de Fleurus, de l'armée de Sambre-et-Meuse et de la cause que nous défendons.

Salut et fraternité.

CARNOT.

Jourdan ne suivit pas exactement les instructions de Carnot; il se porta vers la Bohême et n'opéra pas sa jonction avec Moreau; il se trouva alors en présence de forces très supérieures aux siennes et recula après plusieurs combats meurtriers à Amberg, à Würtzbourg; le général Marceau, qui était venu au secours de Jourdan, fut tué. Carnot blâma ouvertement Jourdan, et une violente inimitié se produisit entre eux. Jourdan donna sa démission. Il fut remplacé par l'ancien ministre de la guerre, Beurnonville, qui parvint à se maintenir devant l'armée de Wartensleben. Carnot s'occupa alors tout spécialement de la campagne d'Italie, dont Bonaparte, appelé par lui au bureau topographique du comité de Salut public, avait, sous sa direction, tracé et rédigé les plans. Il s'agissait de descendre en Piémont et d'imposer la paix au roi. Bonaparte, qui était alors général de l'armée de Paris, désirait ardemment se signaler en Italie; Carnot-Feulin, qui habitait au Luxembourg avec l'Organisateur de la victoire, chercha à l'éclairer sur l'ambition de Bonaparte : « C'est un aventurier, un ambitieux, lui dit-il, il jettera le trouble dans la République ! »

Carnot n'écouta pas son frère; il connaissait les capacités du jeune général, et dans son esprit la préoccupation militaire l'emporta; il pensa que l'officier qui avait avec lui, au bureau topographique, rédigé les plans de la campagne d'Italie était celui auquel on pouvait le plus sûrement confier leur exécution. Il ne se trompait pas. Barras partagea l'avis de Carnot, et le Directoire nomma Bonaparte au commandement de l'armée d'Italie, le 23 février 1796. Carnot, qui avait deviné le génie de Hoche, devina aussi, on le voit, celui de Bonaparte. Il le soutint pendant cette campagne avec une grande énergie contre ses collègues du Directoire. Bonaparte entra à Milan en vainqueur le 14 mai, et il se préparait à exécuter le plan de Carnot, qui consistait à remonter par le Tyrol en Bavière pour y rejoindre les armées du Rhin, lorsqu'il reçut l'ordre du Directoire d'aller détrôner le pape à Rome. Bonaparte, fort de l'appui de Carnot et confiant dans l'excellence d'un plan combiné avec lui, répondit au Directoire en offrant sa démission. L'opinion publique, toujours prompte à admirer, s'émut de cette querelle; les amis de Bonaparte le représentaient déjà comme un grand capitaine et exaltaient son brillant fait d'armes du pont de Lodi. Le Directoire céda et lui laissa le commandement avec toute liberté d'action. Conformément aux instructions de Carnot, pour créer des amitiés à la France en Italie, Bonaparte fit des avances aux savants et aux lettrés, mais il chercha aussi à se créer une popularité en envoyant en France des millions imposés aux princes vaincus et de nombreux objets d'art pillés un peu partout. Il prit en même temps sur ses soldats un ascendant qui tenait de la fascination, par ses allures familières et ses proclamations entraînantes et passionnées. Le roi de Naples demanda un armistice, qui lui fut accordé à condition qu'il retirerait ses troupes de l'armée autrichienne et son escadre de la flotte anglaise. Cet armistice et ces conditions avaient été combinés entre Carnot et Bonaparte afin d'arriver à une paix générale. Carnot voulait absolument la paix, qu'il sentait nécessaire au bonheur de la France, et il renonçait à la politique révolutionnaire d'expansion morale et politique au dehors. Il arriva à faire consentir par le Directoire une paix honorable avec le pontife romain. La Réveillère, qui avait le pape en

horreur, voulait le forcer à révoquer les actes ponti-
ficaux fulminés contre la constitution civile du clergé ;
le pape refusa ; Carnot, Bonaparte et Letourneur
insistèrent pour que le chef du Directoire, La Réveillère, ne fît pas de cette question toute morale une
condition *sine qua non* de la paix, trouvant que la
cession des provinces pontificales situées au nord
des Apennins était une condition assez avantageuse
pour le moment. La paix fut signée également par
Bonaparte à Léoben avec l'Autriche. Cette signature
inattendue empêcha nos armées d'Allemagne de continuer leur marche et de refouler complètement l'ennemi. Le Directoire accueillit avec une explosion de
colère la nouvelle que lui en donna Bonaparte. La
Réveillère, Rewbell et Barras, qui avaient déjà, à diverses reprises, conçu de graves soupçons contre lui,
voulaient refuser de ratifier la paix de Léoben. Carnot fut d'avis qu'il fallait ratifier ; il ne voulait plus
de la guerre ; il était très préoccupé de la situation
intérieure de la France, où les ruines s'amoncelaient ;
il redoutait, lui aussi, une dictature militaire, et pour
l'éviter, il voulait la paix. Letourneur, ami de Carnot,
et Barras, le premier protecteur de Bonaparte, l'ami

d'Hortense Beauharnais, décidèrent qu'il n'était pas possible de refuser la ratification de la paix de Léoben. L'opinion publique, du reste, voulait la paix à tout prix, et une insurrection aurait eu lieu contre le Directoire s'il eût refusé la paix signée par Bonaparte. Au surplus, la situation intérieure de la France s'était modifiée. Les élections du renouvellement partiel des conseils des Anciens et des Cinq-Cents avaient amené au pouvoir une majorité réactionnaire hostile à la République et au Directoire. Pichegru fut élu président des Cinq-Cents, et Barbé-Marbois président des Anciens. Les discussions devinrent orageuses dans ces assemblées. Le Directoire y fut violemment attaqué à l'occasion du désordre des finances et des traités très onéreux signés avec les fournisseurs des armées. Il n'y avait pourtant, en fait, aucun reproche sérieux à faire au gouvernement, qui subissait fatalement la situation précaire créée par les terribles années précédentes. Des commissions furent nommées par les Cinq-Cents, et elles entravèrent gravement la marche du gouvernement. La séparation des pouvoirs, si nécessaire en tous les temps, mais surtout alors, fut violée, et l'anarchie s'ajouta à la pénurie des finances. Les directeurs se divisèrent. D'un côté Barras, Rewbell et La Réveillère crurent à une restauration imminente des Bourbons, d'un autre côté Barthélemy, qui avait remplacé Letourneur, et Carnot n'y croyaient pas. D'autre part Bonaparte, resté en Italie, faisait la guerre sans s'occuper du Directoire, et il manifestait déjà ouvertement des ambitions personnelles. Carnot et Barthélemy voulaient la paix, leurs collègues voulaient écraser l'Autriche et l'Angleterre. Bonaparte adressa plusieurs lettres au Directoire pour l'engager à faire un coup d'État contre les royalistes, qui devenaient menaçants, et il offrit secrètement à Barras trois millions pour opérer ce coup d'État, réduire les avocats et les journalistes au silence et balayer le corps législatif. Les trois directeurs Rewbell, La Réveillère et Barras y étaient déjà décidés. Carnot et Barthélemy trouvèrent ce procédé illégal et inutile. Ils considéraient qu'un coup d'État de ce genre ferait courir à la République les plus graves dangers et ils n'attribuaient pas aux royalistes des assemblées un pouvoir suffisant pour rétablir la monarchie. Le parti intermédiaire, les modérés, les centres, recherchèrent l'appui de Carnot

et des anciens conventionnels, à condition que deux
ministres antipathiques sortiraient de charge. Le Directoire refusa ces projets de conciliation.

Hoche, croyant la Révolution menacée, se prononça énergiquement contre son ennemi Pichegru,

Le général Marceau.

et il fut nommé ministre de la guerre ; il offrit son
autorité et son prestige sur les troupes à Barras, et,
d'accord avec lui, il fit avancer sur Paris une partie
de son armée de Sambre-et-Meuse ; il pensait devancer ainsi les projets liberticides de Pichegru. Carnot,
qui était à ce moment président du Directoire,
ignorant ce que signifiait la marche de ces troupes,

manda Hoche et l'interpella vivement. Barras ne
dit mot, et Carnot ordonna à Hoche de faire reculer
ses troupes. Le conseil des Cinq-Cents, fort ému de
ce qui se passait, blâma les directeurs et adopta un
plan de Pichegru portant réorganisation de la garde
nationale; on en retrancha l'artillerie, qui, de tout
temps avait été dévouée à la Révolution. Les Cinq-
Cents votèrent la suppression des clubs, des sociétés
politiques, des réunions publiques et des associa-
tions particulières. Ils blâmèrent la nomination de
Hoche au ministère de la guerre, et le jeune général
fut obligé de se retirer. La présidence de Carnot
gênait ses collègues; le trimestre qui en marquait la
fin réglementaire expira le 24 août 1797; La Réveillère le remplaça. N'ayant pu agir au moyen de
Hoche, les trois directeurs se tournèrent vers Bonaparte, qui leur envoya Augereau. Ce général se mit
entièrement à leur disposition. Carnot désapprouva
ces agissements; il voulait à tout prix rester dans la
légalité, qui lui apparaissait, avec raison, comme le
palladium de la République. Malgré lui, Augereau
fut nommé commandant de l'armée de Paris. Le
18 août, le Directoire avait adressé au conseil des

Cinq-Cents un message dans lequel il exposait les
alarmes des défenseurs de la patrie; il montrait les
armées privées de leur solde et les caisses vides par
suite des refus du corps législatif de voter les fonds
nécessaires; il blâmait les décisions des conseils qui
avaient rendu les biens nationaux aux émigrés et
au clergé, les attaques des journaux et les diverses
manœuvres royalistes. Le conseil des Cinq-Cents
fit examiner ce message par une commission et y
répondit en blâmant la conduite du Directoire dans
les derniers événements. Au sein du Directoire,
Barras, qui rêvait la dictature à son profit, et Carnot,
qui ne voyait que le respect des lois, se disputaient
sans cesse. Les amis de Barras disaient ouvertement
qu'ils voulaient tuer Carnot. Les réactionnaires con-
seillèrent à Carnot de dénoncer les nouveaux triumvirs du Directoire; il refusa. Il ne voulut pas violer
la Constitution sous prétexte de la défendre. Un
jeune officier vint offrir à Carnot de poignarder
Barras, qui aspirait à la tyrannie; Carnot le calma et
le congédia. Talleyrand, récemment nommé ministre
des affaires étrangères, qui avait une grande autorité
sur les trois directeurs, leur conseilla, comme Bo-

naparte, un coup d'État contre le corps législatif.
Ses opinions personnelles n'étaient point républicaines ; mais il crut le gouvernement menacé et il
crut politique de prendre les devants. Sieyès, qui
jouissait d'un grand crédit, se prononça aussi pour
le coup d'État. Dans la nuit du 3 septembre (18 fructidor), le château et le jardin des Tuileries, où siégeaient les Cinq-Cents, furent envahis par douze
mille hommes et quarante canons commandés par
Augereau. Ramel, qui commandait la garde du conseil des Cinq-Cents, donna ordre à ses soldats de
faire évacuer le palais législatif des Tuileries ; mais
ils refusèrent en disant qu'ils ne voulaient pas se
battre pour Louis XVIII. Augereau entra dans la
salle des séances suivi des principaux révolutionnaires de Paris, Santerre, Rossignol, etc., en criant
« Vive la République ! » Ils firent prisonniers les
représentants qui n'avaient pas pris la fuite et les
enfermèrent au Temple. Les trois directeurs firent arrêter Barthélemy, leur collègue ; Carnot s'échappa par
le jardin du Luxembourg, grâce à la présence d'esprit de son frère Carnot-Feulin, qui habitait avec lui.
Il se cacha d'abord chez un menuisier, puis chez

Oudot, représentant du peuple, et il se rendit ensuite en Suisse. Les directeurs le déclarèrent déchu de ses fonctions et même de son siège à l'Institut, où il était entré l'année précédente. Ses biens furent séquestrés, et pour sauvegarder l'avoir de sa femme, qui était compris dans le séquestre, il simula un divorce qui en réalité n'existait pas. Apprenant qu'il se cachait à Genève, les directeurs demandèrent son extradition et l'obtinrent ; mais Carnot trompa la surveillance des agents chargés de l'arrêter ; il se déguisa en blanchisseur et gagna sur une barque la ville de Nyon, dans le canton de Vaud. Bonaparte, passant par Genève peu de temps après, oubliant les marques de confiance de son protecteur, eut le cynisme de faire arrêter un banquier, M. Boutein, qui avait favorisé la fuite de Carnot. Ne se sentant pas en sûreté à Nyon, notre fugitif se réfugia à Augsbourg, et de là à Nuremberg, où il resta environ trois ans. C'est là qu'il connut le rapport fait par Bailleul sur le 18 fructidor et qu'il écrivit, en 1798, sa réponse mémorable aux erreurs et aux calomnies qu'il contenait. En voici les passages principaux :

« Il n'est point vrai que ce soit Barras qui ait

proposé Bonaparte pour le commandement de l'armée d'Italie : c'est moi-même ; mais sur cela on a laissé filer le temps pour savoir comment il réussirait ; et ce n'est que parmi les intimes de Barras qu'il se vanta d'avoir été l'auteur de la proposition au Directoire. Si Bonaparte eût échoué, c'est moi qui étais le coupable ; j'avais proposé un jeune homme sans expérience, un intrigant ; j'avais évidemment trahi la patrie. Les autres ne se mêlaient point de la guerre ; c'était sur moi que devait tomber toute la responsabilité. Bonaparte est triomphant, alors c'est Barras qui l'a fait nommer, c'est à lui qu'on en a l'obligation ; il est son protecteur, son défenseur contre mes attaques ; moi, je suis jaloux de Bonaparte, je le traverse dans tous ses desseins, je le persécute ; je le dénigre, je lui refuse tout secours, je veux évidemment le perdre. Telles sont les ordures dont on remplit, dans le temps, les journaux vendus à Barras.

« O guerre impie ! dans laquelle il semble que le Directoire ait eu pour objet de savoir combien il pouvait immoler à son caprice de victimes choisies parmi les hommes libres, les plus pauvres et les plus vertueux, d'égorger la liberté dans son berceau, de punir les rochers helvétiques pour lui avoir donné le jour. Dignes émules de Gesler, les triumvirs ont voulu aussi exterminer la race de Guillaume Tell. La mort du tyran a été vengée par eux; les chefs de familles démocratiques lui ont été offerts en expiation; ils sont morts en défendant l'entrée de leur petit territoire et la violation de leurs foyers; leurs troupeaux effrayés ont fui dans le désert, les glaciers ont retenti du cri des orphelins que la faim dévore; et les sources du Rhin, du Rhône et de l'Adda ont porté à toutes les mers les larmes des veuves désolées.

« Heureusement je ne puis être soupçonné d'avoir pris part à ces actes déshonorants; si j'avais été au Directoire ce serait moi qu'un jour on aurait accusé; puissent les suites politiques de ces événements n'être jamais fatales à la France !

« ... Mon but fut, dit-il, de faire aimer la République en lui donnant pour base une liberté réelle et non consistante dans des expressions dérisoires. J'ai voulu conserver à la représentation nationale du grand peuple le rang suprême que la nature ordonne et que la Constitution lui désigne. J'ai désiré que les citoyens fussent dirigés dans leur conduite par des institutions converties en habitude plus que par menaces de la loi ; enfin j'ai pensé qu'il valait mieux laisser les préjugés se dissiper insensiblement par les lumières de la raison que de les extirper avec violence.

« Je n'ai point usé du long exercice du pouvoir qui m'a été confié pour amasser des richesses, pour élever mes parents aux emplois lucratifs ; mes mains sont nettes et mon cœur pur.

« Je ne cesserai de tourner mes regards vers ma patrie : personne n'a le droit de me dépouiller de ma qualité de citoyen, que m'a donnée la Constitution, que j'ai méritée par mon amour pour elle, par mon zèle à la servir ; je ne reconnais point des actes arbitraires, ni l'œuvre de la tyrannie : je demande un jugement régulier et constitutionnel, et je ne crains ni la sévérité des juges ni l'exaltation des jurés : quels qu'ils soient les uns et les autres, je suis sûr d'être aussi républicain qu'eux, je ne réclame que leur liberté dans l'émission de leur acte déclaratoire ; mon seul crime, je le répète, on ne m'en trouvera pas d'autre, est d'avoir voulu empêcher que le peuple français eût des tyrans. J'ai dû échouer dans ce pro-

jet, parce que je n'ai voulu opposer que les moyens au-
torisés par la Constitution, dont le dépôt m'était confié,
à des monstres pour lesquels il n'y a rien de sacré.

« O France ! ô ma patrie ! ô grand peuple, véritablement grand peuple ! c'est sur ton sol que j'eus le
bonheur de naître ; je ne puis cesser de t'appartenir
qu'en cessant d'exister. Tu renfermes tous les objets
de mon affection : l'ouvrage que mes mains ont
contribué à fonder ; le vieillard probe qui me donna
le jour ; une famille sans tache, des amis qui connais-
sent le fond de mon cœur, qui savent si jamais il
conçut d'autre pensée que celle du bonheur de ses
compatriotes, s'il forme d'autre vœu que celui de ta
gloire immortelle, de ta constante prospérité ; reçois
ce vœu que je renouvelle chaque jour, que j'adresse
en ce moment à tout que tu contiens d'âmes honnêtes
et vertueuses, à tous ceux qui conservent au dedans
d'eux-mêmes l'étincelle sacrée de la liberté ; et je
finis par la prière des Spartiates : « O dieux ! faites
« que nous puissions supporter l'injustice. »

Cette fière réponse de Carnot produisit dans toute
l'Europe une grande impression. Elle fut traduite
dans toutes les langues.

CHAPITRE VI

Le Consulat. — Carnot ministre de la guerre. — Latour-d'Auvergne premier grenadier des armées françaises. — Démission de Carnot. — Son opposition à l'Empire. — Il se retire à
Presles. — Sa lettre à Napoléon après ses défaites. — Défense
d'Anvers. — Carnot ministre de l'intérieur pendant les Cent-
Jours. — Son exil à Magdebourg.

1800-1815-1823

L'administration du Directoire, après l'exil de
Carnot, devint inepte, les maux de la France arrivèrent au comble. Bonaparte le renversa, aux applau-
dissements de la nation, le 18 brumaire an VIII, et
fut élu premier consul. Il rappela les proscrits de
fructidor. Carnot rentra en France et accepta les
fonctions d'inspecteur général des revues, puis de
ministre de la guerre. Son mérite était tellement
supérieur que tous les régimes l'appelèrent successivement à cette haute charge. Son dévouement au
pays fut si grand qu'il n'écouta jamais ses préférences

personnelles et qu'il ne se crut pas en droit de lui refuser ses services quels que fussent les régimes. Les gouvernements s'honoraient en le choisissant et ils se déshonoraient en le proscrivant. Chaque fois qu'on le vit à la direction de la guerre, l'on reprit courage ; lorsqu'il la quittait, l'on sentait que les désastres étaient proches. Les armées du Directoire avaient éprouvé depuis deux ans de cruels revers : tout était à recommencer pour Carnot. Il organisa et approvisionna l'armée de réserve, rétablit l'ordre et l'économie dans tous les services. L'Institut le rappela dans son sein. Bonaparte s'engagea envers son ministre « à donner tort à quiconque voudrait contrarier Carnot dans quelque affaire que ce fût ».

Bonaparte partit de nouveau pour l'Italie, Carnot se rendit à l'armée du Rhin. Il y donna l'exemple d'une gestion rigoureusement honnête, chose rare en tout temps, dans les guerres à l'extérieur. On jugera de la probité de Carnot par l'extrait suivant du compte qu'il rendit à son retour :

Le 15 floréal an VII, les consuls me donnèrent l'ordre de partir, dans le jour, pour l'armée du Rhin, mirent à ma disposition pour cet objet une somme de 24,000 francs, et le premier consul manifesta l'intention que je donnasse à cette mission un certain éclat.

Je partis en conséquence dans la nuit du 15 au 16 avec une suite de dix personnes en tout.

La durée du voyage a été de quatorze jours, et la route d'environ quatre cent cinquante lieues. La dépense aurait pu être rigoureusement bornée aux frais de poste et d'auberge ; mais j'ai cru qu'une certaine représentation dans les lieux principaux, tels que Genève et Dijon, entrait dans le but des ordres qui m'étaient donnés ; j'ai cru également que, pour imprimer à cette mission le caractère de générosité qui vous anime, je devais décerner à chacun de mes compagnons de voyage une légère gratification, tant comme indemnité que comme une marque de satisfaction pour le zèle extrême avec lequel ils ont coopéré à la remplir. Le tout, y compris la retenue de 480 francs pour les invalides, monte à 13,800 francs ; ainsi, sur les 24,000 francs mis à ma disposition, il reste 10,200 francs, que je fais remettre au trésor public.

J'étais porteur pour l'armée du Rhin de 300,000 francs en traites et 140,000 en numéraire, qui ont été déposés dans la caisse du payeur général à Bâle, suivant procès-verbal dressé par le commissaire des guerres Dauzeret.

Le ministre de la guerre,

CARNOT.

Le ministre de la guerre combina les mouvements

de Moreau de concert avec ce général et avec Bonaparte. Son activité fut une des causes de succès de ces deux guerriers. Il n'y avait plus en France que deux cent cinquante mille hommes sous les armes. Une levée de cent mille hommes eut lieu, et elle fut armée et organisée par ses soins; les trains d'artillerie, qui n'existaient pas, furent constitués. Moreau se mit en mouvement le 25 avril 1800; il passa le Rhin et remporta les victoires d'Engen, de Maestricht, de Hochstett, s'empara de Munich. La Franconie, la Souabe et la Bavière tombèrent en notre possession après ces succès. La grande victoire de Hohenlinden nous ouvrit la route de Vienne. De son côté, Bonaparte entrait à Milan, gagnait les batailles de Montebello, de Marengo et rentrait à Paris où il fut acclamé. On l'avait cru mort pendant quelques jours, et déjà l'on désignait Carnot et Lafayette pour le remplacer. Carnot ne fit rien pour répondre à ces avances; il s'occupait exclusivement des soins considérables de son ministère.

Les instructions de Carnot à Moreau et à Masséna respirent le désir sincère de réparer les fautes du Directoire et de rétablir l'ordre dans l'administration de l'armée. Il ordonna à Masséna, qui commandait l'armée d'Italie, de supprimer un grand nombre d'emplois parasites qui existaient dans ses troupes et qui s'y étaient multipliés, disait-il, *par l'intrigue, la faveur et différents prétextes illusoires, sous le nom d'inspecteurs, de contrôleurs, d'agents soi-disant en chef, qui étalaient un luxe insolent à côté de la misère du soldat et qui faisaient écouler par les plus honteuses voies les fruits des plus brillantes conquêtes.* A Moreau, qui commandait l'armée du Rhin, il écrivait :

« J'ai appris, mon cher général, l'exemple juste et nécessaire de sévérité exercé envers le commissaire des guerres P....., à l'armée que vous commandez. Il est pénible d'avoir à punir lorsqu'on voudrait n'avoir qu'à récompenser, et de rencontrer, jusque dans la douceur de la victoire, des fruits amers à recueillir. Néanmoins, loin de vous détourner de cette conduite sévère, je me fais un devoir de vous affermir dans la résolution de n'en avoir point d'autre... Ne serait-il pas honteux que tandis que la France s'épuise en nombreux sacrifices pour terminer la guerre, lorsque ses enfants vont en foule verser un sang que les plus brillants avantages peuvent à peine payer; ne serait-il pas honteux que des commissaires des guerres, des généraux même, dévorassent le fruit de tant de sacrifices, et qu'ils regardassent l'honneur de commander aux soldats français comme l'occasion de s'enrichir et le fruit de leurs services et de leur sang comme leur patrimoine?... Je vous invite donc, au nom du salut public, d'être inflexible contre les concussionnaires quels qu'ils soient et de mettre de côté toute considération particulière... »

Carnot prit l'initiative de deux mesures qui font le plus grand honneur à son patriotisme; il proposa de transférer aux Invalides les cendres de Turenne, qui étaient déposées à Saint-Denis. Ce grand capitaine avait, à son époque, compris la guerre comme Carnot. C'était, pour le grand conventionnel, un hommage rendu à la mémoire de son maître dans l'art de la guerre. Puisse bientôt un semblable hommage de la France rendre à la patrie les cendres de Carnot, qui sont encore aujourd'hui dans le cimetière de Magdebourg!

Il proposa en outre le décret qui déclara Latour-

d'Auvergne premier grenadier de la République. Ce
brave des braves, né dans la famille de Turenne,
avait fait toutes les guerres de la République ; il avait
refusé les grades supérieurs auxquels ses services
et son courage exemplaire lui donnaient tous les
droits ; il était resté capitaine de grenadiers. Carnot
lui adressa la lettre suivante, qui fait autant d'honneur à celui qui la reçut qu'à celui qui l'écrivit :

*Le ministre de la guerre, au citoyen Latour-d'Auvergne-
Corret.*

Paris, le 3 floréal an VIII de la République Française
une et indivisible.

En fixant mes regards sur les hommes dont l'armée
s'honore, je vous ai vu, citoyen, et j'ai dit au premier
consul :

« Latour-d'Auvergne-Corret, né dans la famille de Turenne, a hérité de sa bravoure et de ses vertus.

« C'est l'un des plus anciens officiers de l'armée ; c'est
celui qui compte le plus d'actions d'éclat ; partout les braves
l'ont nommé le plus brave.

« Modeste autant qu'intrépide, il ne s'est montré avide
que de gloire et a refusé tous les grades.

« Aux Pyrénées occidentales, le général commandant
l'armée rassembla toutes les compagnies de grenadiers et

pendant le reste de la guerre ne leur donna point de chefs. Le plus ancien capitaine devait commander; c'était Latour-d'Auvergne. Il obéit, et bientôt ce corps fut nommé par les ennemis la *colonne infernale.*

« Un de ses amis n'avait qu'un fils dont les bras étaient nécessaires à sa subsistance; la conscription l'appelle; Latour-d'Auvergne, brisé de fatigue, ne peut travailler, mais il peut encore se battre. Il vole à l'armée du Rhin, remplace le fils de son ami, et pendant deux campagnes, le sac sur le dos, toujours au premier rang, il est à toutes les affaires et anime les grenadiers par ses discours et son exemple.

« Pauvre, mais fier, il vient de refuser le don d'une terre que lui offrait le chef de sa famille. Ses mœurs sont simples, sa vie est sobre; il ne jouit que du modique traitement de capitaine à la suite et ne se plaint pas.

« Plein d'instruction, parlant toutes les langues, son érudition égale sa bravoure, et on lui doit l'ouvrage intéressant intitulé *les Origines gauloises.*

« Tant de vertus et de talents appartiennent à l'histoire; mais il appartient au premier consul de la devancer. »

Le premier consul, citoyen, a entendu ce précis avec l'émotion que j'éprouvais moi-même; il vous a nommé sur-le-champ premier grenadier des armées de la République, et vous décerne un sabre d'honneur.

Salut et fraternité.

CARNOT.

Le brave Latour-d'Auvergne, pleurant de joie, lui

répondit : « Citoyen ministre, ce brevet d'honneur est pour moi un brevet de mort : il ne me reste plus qu'à me faire tuer sur le champ de bataille. » Il le fit, en effet, car le 9 messidor an VIII, à la bataille d'Ober-

Bonaparte, premier consul.

hausen, il tomba frappé à mort par un uhlan autrichien.

Bonaparte ne supporta pas longtemps auprès de lui l'homme de génie qui seul pouvait, s'il l'eût voulu, attirer à lui les suffrages populaires et arrêter les visées ambitieuses du vainqueur de l'Italie. Le cynisme de Bonaparte blessait profondément Carnot, qui parlait souvent de droiture et de probité. Un jour

Bonaparte lui dit : « C'est une belle chose que la probité; mais ne bâtissons pas sur ce fondement. » Voyant où il désirait arriver, les sentiments sincèrement républicains de Carnot s'émurent; il offrit sa démission aux consuls; elle fut refusée. Carnot attendit encore; mais comme l'évidence frappait ses yeux, il ne voulut pas plus longtemps paraître s'associer au coup d'État que méditait le premier consul. Il écrivit donc ces simples mots : « Citoyen consul, je vous donne de nouveau ma démission. Veuillez bien ne plus différer à accepter. Salut et respect. »

Forcés d'accepter, les consuls donnèrent l'ordre de répondre à Carnot. Ce fut Maret qui se chargea de ce soin ; il le fit dans les termes suivants, qui indiquent l'estime que l'on avait, au ministère de la guerre, pour le caractère élevé de Carnot :

Le secrétaire d'État, au citoyen Carnot.

Paris, le 16 vendémiaire an IX de la République.

J'ai l'honneur, mon cher compatriote, de vous envoyer officiellement une lettre que vous recevrez avec joie. Il n'est point en moi d'éprouver ce sentiment. Les fonctions

de votre place me rapprochaient souvent de vous ; l'obses-
sion de mes devoirs me laissera peu de moments à donner
à l'amitié ; mais si je suis privé du plaisir de vous voir
autant que je désirerais, je n'oublierai point pour cela tant
de témoignages de bienveillance que j'ai reçus de vous
pendant l'exercice de vos fonctions.

Recevez, mon cher compatriote, les assurances de mon
tendre dévouement.

HUGUES-B. MARET.

Mais Bonaparte se vengea ; il retira à Carnot son
traitement de chef de bataillon du génie, et ce ne fut
que plus tard, en 1807, qu'ayant honte de cette mauvaise action il donna à Carnot une pension de dix
mille francs.

Choisi par le Sénat en qualité de tribun, en 1802,
sur la désignation du département du Pas-de-Calais,
Carnot, partisan de l'égalité autant que de la liberté, combattit la création de l'ordre de la Légion
d'honneur, et il fut intraitable sur la question
du consulat à vie que convoitait Bonaparte. *Seul*
parmi ses collègues il vota *non*. Lorsque surgit
la proposition de nommer Bonaparte empereur,
il protesta avec indignation. *Seul* il osa prendre
la parole contre ce projet. Il le fit dans le discours

suivant, qui eut en Europe un immense retentissement :

« Quelques services, dit-il, qu'un citoyen ait pu rendre à sa patrie, il est des bornes que l'honneur autant que la raison imposent à la reconnaissance nationale. Si ce citoyen a restauré la liberté publique, s'il a opéré le salut de son pays, sera-ce une récompense à lui offrir que le sacrifice de cette même liberté? Et ne serait-ce pas anéantir son propre ouvrage que de faire de ce pays son patrimoine particulier?

« Tous les arguments faits jusqu'à ce jour sur le rétablissement de la monarchie en France se réduisent à dire que sans elle il ne peut exister aucun moyen d'assurer la stabilité du gouvernement et la tranquillité publique, d'échapper aux discordes intestines, de se réunir contre les ennemis du dehors ; qu'on a vainement essayé le système républicain de toutes les manières possibles, qu'il n'a résulté de tant d'efforts que l'anarchie, une révolution prolongée ou sans cesse renaissante, la crainte perpétuelle de nouveaux désordres, et, par suite, un désir universel et profond de voir rétablir l'antique gouvernement héréditaire, en changeant seulement la dynastie. C'est à cela qu'il faut répondre.

« J'observerai d'abord que le gouvernement d'un seul n'est rien moins qu'un gage assuré de stabilité et de tranquillité. La durée de l'empire romain ne fut pas plus longue que ne l'avait été celle de la république. Les troubles intérieurs y furent encore plus grands, les crimes plus multipliés; la fierté républicaine, l'héroïsme, les vertus mâles, y furent remplacés par l'orgueil le plus ridicule, la plus vile adulation, la cupidité la plus effrénée, l'insouciance la plus absolue sur la prospérité nationale. A quoi eût remédié l'hérédité du trône? Ne fut-il pas regardé par le fait comme l'héritage légitime de la maison d'Auguste? Un Domitien ne fut-il pas fils de Vespasien? un Caligula le fils de Germanicus? un Commode le fils de Marc-Aurèle?

« En France, à la vérité, la dernière dynastie s'est soutenue pendant huit cents ans; mais le peuple fut-il moins tourmenté? Que de dissensions intestines! Que de guerres entreprises au dehors pour des prétentions, des droits de succession, que faisaient naître les alliances de cette dynastie avec les puissances étrangères ! Du moment qu'une nation entière épouse les intérêts particuliers d'une famille, elle est obligée d'intervenir dans une multitude d'événements qui, sans cela, lui seraient de la plus parfaite indifférence.

« Bonaparte a pu choisir entre le système républicain et le système monarchique... Le dépôt de la liberté lui était confié, il avait juré de la défendre; en tenant sa promesse il eût rempli l'attente de la nation... Il se fût couvert d'une gloire incomparable; au lieu de cela, que fait-on aujourd'hui? On propose de lui faire une propriété absolue et héréditaire d'un pouvoir dont il n'avait reçu que l'administration... Il est vrai qu'avant le 18 brumaire l'État tombait en dissolution et que le pouvoir absolu l'a retiré des bords de l'abîme; mais que conclure de là? Ce que tout le monde sait: que tous les corps politiques sont sujets à des maladies qu'on ne saurait guérir que par des remèdes violents; qu'une dictature momentanée est quelquefois nécessaire pour sauver la liberté. Les Romains, qui en étaient si jaloux, avaient pourtant reconnu la nécessité de ce pouvoir suprême par intervalles. Mais parce qu'un remède,

violent a sauvé un malade, doit-on lui administrer
chaque jour un remède violent? Les Fabius, les Cincinnatus, les Camille, sauvèrent la liberté romaine
par le pouvoir absolu; mais c'est qu'ils se dessai-

Napoléon, empereur.

sirent de ce pouvoir aussitôt qu'ils le purent; ils
l'auraient tuée par le fait même, s'ils l'eussent gardé.
César fut le premier qui voulut le conserver, il en
fut la victime; mais la liberté fut anéantie pour
jamais. Ainsi, tout ce qui a été dit jusqu'à ce jour

sur le pouvoir absolu prouve seulement la nécessité d'une dictature momentanée dans les crises de l'État, mais non celle d'un pouvoir permanent et inamovible.

« Ce n'est point par la nature de leur gouvernement que les grandes républiques manquent de stabilité ; c'est parce qu'étant improvisées au sein des tempêtes, c'est toujours l'exaltation qui préside à leur établissement. Une seule fut l'ouvrage de la philosophie organisée dans le calme, et cette république subsiste toujours, pleine de sagesse et de vigueur ; ce sont les États-Unis de l'Amérique septentrionale qui offrent ce phénomène, et chaque jour leur prospérité reçoit des accroissements qui étonnent les autres nations. Ainsi, il était réservé au nouveau monde d'apprendre à l'ancien qu'on peut subsister paisiblement sous le régime de la liberté et de l'égalité. Oui, j'ose poser en principe que lorsqu'on peut établir un nouvel ordre de choses sans avoir à redouter l'influence des factions, comme a pu le faire le premier consul, comme il faut le faire encore, il est moins difficile de former une république sans anarchie qu'une monarchie sans despote.

Car comment concevoir une limitation qui ne soit point illusoire dans un gouvernement dont le chef a toute la force exécutive dans les mains et toutes les places à donner? On a parlé d'institutions que l'on dit propres à produire cet effet; mais avant de proposer l'établissement du monarque, n'aurait-on pas dû s'assurer préalablement et montrer à ceux qui doivent voter sur la question que de pareilles institutions sont dans l'ordre des choses possibles? Que ce ne sont pas de ces abstractions métaphysiques qu'on reproche sans cesse au système contraire? Jusqu'ici on n'a rien inventé pour tempérer le pouvoir suprême que ce qu'on nomme des corps intermédiaires ou privilégiés; serait-ce donc d'une nouvelle noblesse qu'on voudrait parler par ce mot d'institutions? Mais le remède n'est-il pas pire que le mal? Car le pouvoir absolu n'ôte que la liberté, au lieu que l'institution des corps privilégiés ôte tout à la fois et la liberté et l'égalité; et quand même dans les premiers temps les grandes dignités ne seraient que personnelles, on sait assez qu'elles finiraient toujours, comme les grands fiefs d'autrefois, par devenir héréditaires... Il n'est pour le gouvernement qu'une seule manière de se consolider : c'est d'être juste, c'est que la faveur ne l'emporte pas auprès de lui sur les services; qu'il soit une garantie contre les déprédations et l'imposture...

« La liberté fut-elle donc montrée à l'homme pour qu'il ne pût jamais en jouir? Fut-elle sans cesse offerte à ses vœux comme un fruit auquel il ne peut porter la main sans être frappé de mort? Ainsi la nature, qui nous fait de cette liberté un besoin si pressant, aurait voulu nous traiter en maître! Non, je ne puis consentir à regarder ce bien si universellement préféré à tous les autres, sans lequel tous les autres ne sont rien, comme une simple illusion. Mon cœur me dit que la liberté est possible, que le régime en est facile et plus stable qu'aucun gouvernement arbitraire, qu'aucune oligarchie.

« Cependant, toujours prêt à sacrifier mes plus chères affections aux intérêts de la commune patrie, je me contenterai d'avoir fait entendre encore une fois l'accent d'une âme libre... Je fis toujours profession d'être soumis aux lois existantes, même lorsqu'elles me déplaisaient le plus; plus d'une fois je fus victime de mon dévouement pour elles, et ce n'est pas aujourd'hui que je commencerai à suivre une marche contraire. Je déclare donc que tout en combattant la proposition faite, du moment qu'un nouvel ordre de choses sera établi, qu'il aura reçu l'assentiment de la masse des citoyens, je serai le premier à y conformer toutes mes actions, à donner à l'autorité toutes les marques de déférence que commandera la hiérarchie constitutionnelle... »

Le sentiment du devoir était si grand chez Carnot qu'il s'inclina devant le vote de la majorité et qu'il écrivit à Napoléon un dernier conseil : « Proclamez des institutions libérales, et quand le pays sera tranquille, abdiquez. Ce sera plus grand que Washington, à cause de la position de la France dans le monde. » Napoléon, qui comprenait à merveille tout ce qu'il y avait d'excessif dans les louanges de ses courtisans, au lendemain de son élévation au trône impérial leur dit : « L'avis de Carnot est le seul qui ait le sens commun. » Plus tard il dit à Carnot lui-même : « Je vous en ai voulu un peu de votre opposition, mais cela ne vous a rien enlevé de mon estime, au contraire. Au fond, les trois quarts de vos collègues du Tribunat pensaient comme vous sans oser le dire ; ils ont fait les j... f... »

Le Tribunat ayant été supprimé en 1807, Carnot rentra dans la retraite, partageant son temps entre l'éducation de ses enfants et ses travaux scientifiques. Réfugié dans son domaine de Presles, il y menait la vie d'un sage et s'occupait de constructions et d'agriculture.

« Ce domaine était un nid à construire, a écrit son fils, car les spéculateurs avaient passé là et n'y avaient rien laissé qu'un site charmant à regarnir de sa parure. Ce fut l'occupation de mon père pendant plusieurs années, et il y reconquit ses forces perdues. On le voyait dès le matin, sa serpette à la main ou sa toise d'acacia, dirigeant les ouvriers ou travaillant lui-même, procédant avec lenteur selon la prudence commandée par ses faibles ressources. Ma mère aussi était satisfaite de pouvoir veiller au détail d'une toute petite ferme ; et quant à nous, enfants, nous ne songions pas que le paradis terrestre pût être plus beau que Presles.

« Nos oncles venaient souvent y visiter mon père. Il était touchant de voir ces trois frères tendrement

unis, souriant aux réminiscences de leur jeunesse
ou devisant sur l'histoire de l'âge mûr, avec autant
de sévérité que si des siècles avaient passé leur rou-
leau sur ces tremblements de terre. L'aîné avait
été remarquablement beau, joignant la force physique à la grâce; ceux qui l'ont vu siéger à la Cour
de cassation, âgé de plus de quatre-vingts ans,
parlent avec admiration de ce digne vieillard, dont
la gravité placide présentait l'idéal d'un front de ma-
gistrat. C'est un éternel bonheur pour lui, crimina-
liste blanchi sous l'hermine, d'avoir toute sa vie prêché
l'adoucissement de la pénalité, sans cesse demandé
l'abolition du supplice capital. — J'ai dit combien
Carnot-Feulin avait de brillant et de vivacité dans
sa conversation. Mais ce que je ne saurais assez dire,
c'est l'enjouement de mon père dans son intimité,
enjouement toujours contenu par la décence; je ne
crois pas que jamais enfants aient été plus respectés
que nous; compagnon de nos jeux et de nos promenades, mon père s'y montrait le plus jeune, pous-
sant les ânes, conduisant la carriole d'osier ou
montant à cheval, un de ses fils en croupe. Je n'ai
vu personne jouir autant du bonheur des autres. »

Ce fut dans cette retraite que Carnot écrivit son célèbre ouvrage sur la *Défense des places fortes*, qui eut en Europe un très grand succès, fut traduit dans toutes les langues et devint classique partout excepté en France. Il proposa un nouveau système de fortification dont le gouvernement exécuta un modèle en relief et qui fut placé aux Invalides. L'envie et la malveillance, qui s'attachaient souvent à Carnot, le signalèrent à Napoléon comme un conspirateur dangereux. Celui-ci répondit au policier qui lui dénonçait Carnot : « Allez, mon cher, vous n'y entendez rien. Carnot est sans doute un mécontent, mais jamais il ne sera un conspirateur, vous pouvez vous dispenser de le surveiller. » Le département de la Côte-d'Or se souvint qu'il avait donné le jour à Carnot et l'élut au Sénat conservateur. Il accepta, et, selon l'usage, alla faire une visite à Napoléon. Les courtisans furent très surpris de l'accueil empressé et cordial que lui fit l'empereur. Il l'introduisit en particulier dans son cabinet et se promena avec lui pendant une heure. Ils causèrent longuement du passé, du Directoire, du Consulat, de Tribunat, et Napoléon exprima à Carnot son désir de le voir rentrer aux affaires. En le reconduisant dans la salle d'audience commune, il lui dit devant un grand nombre de personnes : « Adieu, monsieur Carnot; tout ce que vous voudrez, quand vous voudrez et comme vous voudrez ! » Mais Carnot ne reparut pas aux Tuileries.

L'Empire s'effondra bientôt; les désastres de 1813 justifièrent l'opposition de Carnot à l'élévation suprême d'un homme qui devait fatalement tomber sous le poids de ses excès et de son ambition. La grande âme de Carnot s'en émut. Il prévoyait la chute, mais il ne la désirait pas, car il sentait bien que la France croulait avec l'Empire et que la République n'avait rien à gagner à l'invasion. Son cœur fut rempli de tristesse, mais sa raison lui dicta son devoir. Il écrivit à Napoléon la lettre qu'on va lire et qui est peut-être l'acte qui fait le plus d'honneur à cette belle et glorieuse existence. Tout ce que le dévouement à la patrie peut inspirer à un homme, tout ce que l'abnégation a de grand et de digne, tout ce que le devoir philosophiquement compris, humainement pensé, simplement accompli a de noble et de majestueux se retrouve dans cette lettre, dans cet acte du meilleur des citoyens français de son temps.

« Sire, lui écrit-il le 24 janvier 1814, aussi longtemps que le succès a couronné vos entreprises je
me suis abstenu d'offrir à Votre Majesté des services
que je n'ai pas cru lui être agréables; aujourd'hui,
Sire, que la mauvaise fortune met votre constance à
une grande épreuve, je ne balance plus à vous faire
l'offre des faibles moyens qui me restent; c'est peu,
sans doute, que l'offre d'un bras sexagénaire; mais
j'ai pensé que l'exemple d'un soldat dont les sentiments patriotiques sont connus pourrait rallier à
vos aigles beaucoup de gens incertains sur le parti
qu'ils doivent prendre et qui peuvent se laisser
persuader que ce serait servir leur pays que de les
abandonner.

« Il est encore temps pour vous, Sire, de conquérir une paix glorieuse et de faire que l'amour du
grand peuple vous soit rendu.

« Je suis, etc.

« CARNOT. »

Napoléon se hâta d'accepter : « Dès que Carnot
offre ses services, dit-il au ministre de la guerre, il
sera fidèle au poste que je lui confie. Je le nomme

gouverneur d'Anvers. » Cette place était à ce moment la plus importante de l'Empire par sa situation et ses établissements maritimes; Carnot s'y rendit en toute hâte, sans même aller voir Napoléon. Il fit exécuter d'importants travaux de défense, organisa les hôpitaux, releva le moral très affecté des troupes, assura les subsistances. Un incident assez curieux s'était produit au moment de sa nomination ; Carnot n'était que commandant du génie, et il allait diriger les généraux d'Anvers. Voici comment Arago, qui a écrit un bel éloge de Carnot, raconte cet incident :

« En 1814, dit Arago, quand il fallut expédier les lettres de commandement du gouverneur d'Anvers, les commis de la guerre, pour écrire l'adresse, cherchèrent dans les contrôles les titres officiels de Carnot, et restèrent stupéfaits en voyant que l'empereur venait, sans s'en douter, de placer un simple chef de bataillon à la tête d'une foule de vieux généraux. Le service aurait évidemment souffert d'un pareil état de choses. On sentit le besoin d'y remédier, et, à l'imitation de certain personnage ecclésiastique qui dans la même journée reçut les ordres mineurs, les ordres majeurs, la prêtrise et l'épiscopat, notre confrère, en quelques minutes, passa par les grades de lieutenant-colonel, de colonel, de général de brigade et de général de division. »

La garnison d'Anvers contenait quinze mille hommes; c'était beaucoup pour défendre la place; il laissa cinq mille soldats aller rejoindre le corps d'armée voisin, pensant que leur présence pouvait être plus utile ailleurs qu'à Anvers. Le bombardement commença dès le lendemain, mais il produisit peu d'effet, grâce aux précautions et aux sages mesures prises par Carnot. Il pensa que l'important était de conserver Anvers à l'Empire en retenant autour de la ville le plus grand nombre possible d'ennemis et afin de donner à Napoléon le temps de rassembler des troupes nouvelles, s'il le pouvait encore, et d'arranger ses affaires. Il ne fit de sorties qu'autant que cela était nécessaire pour détruire les approches de l'ennemi. Le général Bulow, qui commandait l'armée assiégeante, écrivit à Carnot pour lui expliquer l'inutilité de la résistance aux armées de l'Europe coalisée contre Napoléon, l'approche de l'ennemi sur Paris, la nécessité de la paix, l'état désastreux de la France. Il lui demandait de renon-

cer à défendre Anvers et lui conseillait de songer
surtout à la pacification de son pays et à la gloire
qu'un homme tel que lui pouvait retirer d'un rôle tout
autre que celui de simple défenseur d'une place forte.

Carnot lui répondit :

MONSIEUR LE GÉNÉRAL,

J'ai trop à cœur de conserver l'estime dont vous me
donnez le témoignage par votre lettre pour ne pas défendre, par tous les moyens qui sont en mon pouvoir, le
poste honorable que m'a confié S. M. l'Empereur des
Français.

Plus nous avons essuyé de malheurs, plus nos efforts
sont nécessaires pour les réparer ; j'ai le bonheur de commander dans une place aussi bien armée contre la séduction que contre la force ouverte, et la loyauté de ma nom-
breuse garnison est égale à son courage.

Nos vœux sont pour une paix honorable, que nous
savons ne pouvoir obtenir que par des victoires, et celles
que nous venons de célébrer nous donnent l'espoir qu'elle
ne se fera pas attendre longtemps.

Croyez, monsieur le général, que les défenseurs d'Anvers ne gâteront pas l'ouvrage si heureusement commencé
par leur souverain, et veuillez agréer, etc...

CARNOT.

Anvers, le 18 février 1814.

12

Lorsque Napoléon eut abdiqué, le prince royal de Suède demanda à Carnot de rendre Anvers. Il lui écrivit que la France avait maintenant pour roi Louis XVIII et qu'il n'y avait plus lieu de continuer la guerre. Carnot résista et écrivit au prince :

Prince, c'est au nom du gouvernement français que je commande dans la place d'Anvers ; lui seul a le droit de fixer le terme de mes fonctions. Aussitôt que ce gouvernement sera définitivement et incontestablement établi sur ses nouvelles bases, je m'empresserai d'exécuter ses ordres ; cette résolution ne peut manquer d'obtenir l'approbation d'un prince né Français et qui connaît si bien les lois que l'honneur prescrit.

Les habitants de la place d'Anvers ne souffrent point, la paix règne chez eux, plus peut-être que sur aucun point de l'Europe ; ils sentent tous, comme moi, la nécessité d'attendre que l'ordre politique ait pris son assiette, et sans doute nous ne tarderons pas à recevoir directement les instructions que nous devrons suivre.

Agréez, Prince, l'hommage de mon estime respectueuse.

CARNOT.

Anvers, le 10 avril 1814.

Une vive agitation se produisit cependant dans la ville ; les avis étaient partagés ; les uns pensaient

qu'il n'y avait qu'à ouvrir les portes, les autres considéraient qu'il fallait attendre les ordres du gouvernement. Carnot reçut le 12 avril, des mains d'un
aide de camp, une lettre par laquelle Dupont, le nouveau ministre de la guerre, l'avisait des événements
qui venaient de se produire : l'abdication de Napoléon et le retour des Bourbons. Il lui demandait
d'adhérer au nouvel ordre de choses. Carnot rassembla le conseil de défense et écrivit le lendemain
la lettre qu'on va lire :

*Le général Carnot, gouverneur d'Anvers, à Son Excellence
M. le comte Dupont.*

Anvers, le 13 avril 1814.

Monsieur le comte,

Au reçu de votre lettre du 7 de ce mois et des pièces
imprimées qui s'y trouvaient jointes, je me suis empressé
de rassembler les membres qui composent le conseil de
défense, lequel a tenu deux séances à ce sujet, l'une hier
au soir et l'autre ce matin.

Dans la première, tous les membres s'étaient pronon-
cés spontanément pour l'adhésion pure et simple aux actes
dont vous me donnez connaissance.

La formule d'adhésion avait été en conséquence préparée sur-le-champ, et une proclamation de moi, concordante à ce principe, avait été imprimée pendant la nuit ; mais dans la seconde séance nous avons reconnu que notre ardent désir de la paix nous avait fait agir avec trop de précipitation ; il est survenu de graves et nombreuses objections, d'après lesquelles j'ai dû penser que nous n'étions pas suffisamment éclairés, et j'ai résolu d'envoyer à Paris un officier général et un officier supérieur pour prendre connaissance du véritable état des choses et nous mettre, sur leur rapport, en état de faire une déclaration réfléchie.

Votre Excellence approuvera, sans doute, qu'entouré d'ennemis qui cherchent sans cesse à nous tromper, nous demeurions dans une extrême défiance de tout ce qui nous vient du dehors : les sommations ou invitations multipliées qui m'ont été faites de rendre la place, et particulièrement celle de M. de Bulow et celle du jeune prince royal de Suède, dont je vous envoie copie avec mes réponses, prouvent une marche insidieuse et annoncent que dans l'intérieur on est loin de l'unanimité ou même de cette grande majorité d'opinions qui doit déterminer l'obéissance de la force armée.

De plus, en discutant les faits et les actes que Votre Excellence m'a fait l'honneur de m'adresser, nous trouvons beaucoup de choses à désirer.

1° Nous ne pouvons regarder comme parfaitement libres des actes émanés des grandes autorités pendant que l'ennemi est maître de la capitale ;

2° Quoique l'abdication de l'empereur soit annoncée comme certaine, nous n'en avons pas l'acte formel ;

Épisode de Waterloo.

3° En supposant cette abdication réelle, nous ne voyons pas qu'elle doive priver son fils de ses droits à la succession, ni l'impératrice de ses droits à la régence ;

4° Une grande partie des membres du Sénat paraît n'avoir pris aucune part à ses délibérations ; il est possible qu'ils se trouvent réunis ailleurs et qu'ils prennent des décisions opposées ;

5° Il paraît également qu'il n'y a qu'une faible portion du corps législatif à Paris qui ait assisté à ses délibérations.

Un ajournement jusqu'à plus ample informé nous paraît être sans inconvénient majeur, tandis qu'une décision trop précipitée pourrait être la cause des plus grands désordres et peut-être d'une guerre civile. Cette place est si importante, par son objet, sa force, sa position, sa population, son influence sur toute la Belgique, qu'une fausse démarche de notre part entraînerait infailliblement de grands malheurs. C'est à l'empereur Napoléon que nous avons fait notre serment de fidélité, nous devons le tenir jusqu'à ce qu'il nous soit démontré que son gouvernement a cessé d'être légitime.

Agréez, Monsieur le Comte, etc.

Le général de division, gouverneur d'Anvers,

CARNOT.

Quelques jours après, le doute n'était plus possible ; Louis XVIII avait bien succédé à Napoléon, et il n'y avait qu'à s'incliner. Le conseil de défense d'Anvers décida qu'il y avait lieu d'adhérer au nouveau gouvernement. Carnot fit ses réserves, attendant, pour rendre la place, l'ordre formel du roi. Il publia, le 17 avril, la proclamation suivante, faisant connaître la situation :

Soldats ! nous sommes restés fidèles à l'empereur Napoléon jusqu'à ce qu'il nous ait lui-même abandonnés. Il vient enfin de renoncer à un pouvoir dont il avait si longtemps abusé. Il vient d'abdiquer un empire dont il ne pouvait plus tenir les rênes : nous sommes, à son égard, déliés du serment de fidélité.

Quant au nouveau souverain qui doit être bientôt proclamé, on ne peut raisonnablement douter que ce ne soit Louis XVIII. L'ancienne dynastie va reprendre ses droits, les descendants de Henri IV vont remonter sur le trône de leurs pères.

Dans ces circonstances importantes, la garnison ne doit point perdre de vue qu'elle n'a aucun vœu à émettre. La force armée ne délibère pas, elle obéit aux lois, elle les fait exécuter. Elle serait coupable si elle se prononçait spontanément ou individuellement, parce que c'est l'unité qui fait toute sa force et qu'elle ne doit jamais s'exposer à une divergence d'opinions.

Le moment approche, sans doute, où nous devons prêter un nouveau serment à celui qu'aura désigné pour son roi l'assentiment général de la nation; mais nous devous prévenir tout désordre, éviter toute secousse, obéir unanimement. L'instant précis sera donc fixé par nous; il sera consacré par une solennité; jusqu'alors nous ne nous permettrons aucun changement, aucun acte partiel; nous serons fermes à notre poste; nous garderons religieusement le dépôt sacré qui est entre nos mains; nous attendrons, en soldats fidèles et incorruptibles, l'heure de le remettre à son souverain légitime.

Le général de division gouverneur,

CARNOT.

Le lendemain, ayant acquis l'absolue certitude de l'avènement de Louis XVIII, il considéra comme un devoir d'adhérer et de faire adhérer ses officiers à la nouvelle constitution, mais il réserva toujours la question de la place. Il fit publier la proclamation dont voici le texte :

SOLDATS !

Aucun doute raisonnable ne pouvant plus s'élever sur le vœu de la nation française en faveur de la dynastie des Bourbons, ce serait nous mettre en révolte contre l'autorité légitime que de différer plus longtemps à la reconnaître. Nous avons pu, nous avons dû procéder avec circonspection; nous avons dû nous assurer que le peuple français ne recevait cette grande loi que de lui-même. Un gouvernement établi dans une ville occupée par des armées étrangères, avec lesquelles il n'existe encore aucun traité de paix, a dû quelque temps nous inspirer des craintes sur la liberté de ses délibérations. Ces craintes sont dissipées par le vœu unanime des villes éloignées du théâtre de la guerre. Honneur à ceux qui ont su réprimer, dans leur élan, un zèle indiscret qui eût pu compromettre la discipline et la sûreté du dépôt qui nous est confié. L'avènement du nouveau roi au trône de ses ancêtres sera plus glorieux appelé par l'amour des peuples que reçu par la terreur des armes.

Nous, gouverneur de la place d'Anvers, généraux, officiers de tous grades, sous-officiers et soldats de toutes armes, tant de terre que de mer, déclarons adhérer, purement et sans restriction, aux actes du sénat conservateur du corps législatif et du gouvernement provisoire en date des 1er, 2 et 3 du présent mois; de plus, nous jurons de conserver et défendre cette place jusqu'à la dernière extrémité au nom de Louis XVIII.

M. le général de division commandant d'armes, M. le vice-amiral commandant l'escadre de l'Escaut et M. le préfet maritime d'Anvers devront faire lire demain à chacun des corps qui se trouvent sous leurs ordres immédiats le présent acte d'adhésion, et dimanche prochain, à la parade, tous les militaires devront paraître en cocarde blanche.

Le général de division gouverneur,

CARNOT.

Anvers le 18 avril 1814.

Sa mission était terminée ; il régla les préparatifs de la reddition, mais il refusa toujours de livrer la ville à l'étranger sans un ordre du roi. Celui-ci le releva de son commandement. Le 1er mai, il fit ses adieux à la population d'Anvers, qui lui répondit en termes émus par l'organe de la municipalité et au moyen d'une adresse où on lui exprimait les remerciements les plus sincères pour la façon dont il avait su défendre la ville, sans employer les procédés violents, les démolitions et les réquisitions qui sont d'usage dans une ville assiégée. Il partit, et ce fut un autre général qui remit Anvers aux vainqueurs. La ville d'Anvers éleva par la suite une statue à Carnot. Rentré de nouveau dans la retraite, il se consacra exclusivement à ses travaux et à ceux de l'Institut. Les mesures réactionnaires prises par la Restauration lui firent craindre de nouveaux malheurs. Il ne voulait point s'adresser au roi ni à ses ministres, et cependant il ne crut pas devoir garder le silence ; il publia sous le voile de l'anonyme un ouvrage intitulé *les Caractères d'une juste liberté et d'un pouvoir légitime*. La police en saisit les épreuves, et Carnot s'en déclara l'auteur. Louis XVIII lui fit demander son manuscrit. Il le modifia et l'envoya au roi sous le titre de *Mémoire au roi*. Cet ouvrage ainsi corrigé n'était plus destiné à la publicité. Le directeur de la police royale le fit pourtant imprimer, comme une sorte d'adhésion de Carnot à la Restauration.

Au retour de Napoléon de l'île d'Elbe, le 20 mars 1815, Carnot ne manifesta ni joie ni tristesse. Le jour même, l'empereur le nomma ministre de l'intérieur. Ce nouvel appel à son patriotisme ne le laissa pas indifférent; il accepta, comprenant qu'il fallait encore se sacrifier et que la France allait redevenir la proie de l'étranger. Ce fut par abnégation et par devoir qu'il se décida à diriger l'administration intérieure du pays où tout était bouleversé, où l'arbitraire était partout, où les passions cléricales se heurtaient aux passions révolutionnaires, où tous les ressorts politiques et administratifs étaient faussés, usés, où tout le monde était mécontent. Il espéra mettre un peu d'ordre dans ce chaos. Les préfets des départements adressaient à Napoléon les mêmes hommages emphatiques qu'ils avaient écrits aux Bourbons, mais en réalité chacun agissait à sa guise, selon ses vues, ses opinions et son bon plaisir. Le secret des cor-

respondances était violé par eux à chaque instant;
Carnot leur adressa à ce sujet la circulaire suivante,
le 8 mai 1815 :

Le ministre de l'intérieur, comte de l'Empire, à messieurs
les préfets.

Je suis informé, monsieur le préfet, que dans plusieurs
parties de l'Empire le secret des correspondances a été
violé par des agents de l'administration. Qui peut avoir
autorisé de pareilles mesures? Leurs auteurs diront-ils
qu'ils ont voulu servir le gouvernement et chercher sa
pensée? Porter de pareils procédés dans l'administration,
ce n'est point servir l'empereur, c'est calomnier Sa Majesté.
Elle ne demande point, elle rejette les hommages d'un dévouement désavoué par les lois. Or les lois ne se sont-elles
pas accordées, depuis 1789, à prononcer que le secret des
lettres est inviolable? Tous nos malheurs, aux diverses
époques de la Révolution, sont dus à la violation des
principes; il est temps d'y rentrer. Vous voudrez donc bien,
monsieur le préfet, faire poursuivre d'après toute la rigueur
des lois ces infractions d'un des droits les plus sacrés de
l'homme en société. La pensée d'un citoyen français doit
être libre comme sa personne même.

Agréez, monsieur le préfet, l'assurance de ma parfaite
considération.

CARNOT.

Il proposa à Napoléon des mesures d'ordre intérieur remplies de sagesse et de prudence; mais l'empereur était trop inquiet sur l'issue de ses opérations militaires pour s'occuper des questions intérieures d'administration; et lorsqu'il conférait avec Carnot, c'était bien plutôt sur les affaires de la guerre que sur celles du ministère de l'intérieur que roulait la conversation. Carnot conseillait à Napoléon de donner à la défense un caractère absolument patriotique, comme en 1793, et de faire abnégation de sa personnalité. Napoléon, tout en reconnaissant que Carnot avait raison, préféra procéder par coups d'éclat : son orgueil le perdit encore une fois. Le ministre de l'intérieur, qui avait l'instruction publique dans ses attributions, s'occupa tout spécialement de développer l'instruction primaire; il créa les écoles normales d'instituteurs et l'enseignement mutuel. Mais tout s'écroula avec Waterloo, le 18 juin 1815. Napoléon rentra à Paris le 20 juin. La ville était accablée sous l'impression de la funeste nouvelle, et personne ne songeait plus à défendre le trône impérial. Carnot, lui, songeait à la France, et dans le conseil des ministres il proposa à Napoléon de déclarer la patrie en danger et de se remettre, à l'instant même, à la tête de l'armée en appelant tous les Français à la défense du pays; mais les Chambres avaient d'autres vues; elles n'avaient aucune confiance dans Napoléon. La Fayette, à la Chambre des représentants, s'adressant à Lucien Bonaparte, qui proposait de s'unir à son frère pour la défense du sol national, s'écria : « Prince, vous calomniez la nation; ce n'est pas d'avoir abandonné l'empereur Napoléon que l'histoire accusera la France : c'est de l'avoir trop suivi! » La cause napoléonienne était perdue. Le lendemain, La Fayette déclara à la Chambre que si l'abdication formelle de l'empereur tardait à arriver, il allait immédiatement proposer la déchéance. Napoléon céda le 22 juin. Une commission des Chambres fut élue, elle choisit Fouché pour président du comité exécutif; Carnot, Caulaincourt, Quinette et Grenier en furent les membres. Le maréchal Davoust, persuadé qu'il était plus honorable de rappeler Louis XVIII que de nous le voir imposer par l'étranger, vint à la séance du comité le 27 juin et fit cette proposition. Carnot protesta hautement, car il pensait que le régime républicain seul pouvait encore sauver la France. Paris prit les armes pour résister aux alliés, qui approchaient de Paris et qui, le 29, attaquèrent le village d'Aubervilliers. Napoléon déchu demanda au comité l'autorisation de prendre le commandement de la défense de Paris. On ne lui fit aucune réponse; il partit alors pour Rochefort et confia sa destinée au gouvernement anglais, qui l'envoya mourir sur les rochers de Sainte-Hélène. « Carnot, dit-il au grand conventionnel avant de quitter Paris, je vous ai connu trop tard. » Carnot, le lendemain, visita les fortifications de Paris, qu'il avait conseillé depuis trois mois à Napoléon de mettre en état. La partie située au nord et au nord-est de Paris pouvait résister, la partie sud et sud-ouest ne le pouvait pas. Le comité, après avoir en vain demandé un armistice aux alliés, décida qu'il fallait défendre Paris; le 3 juillet, une bataille fut préparée à Montrouge. Carnot s'y rendit à cheval. Les ennemis consentirent alors à traiter. Les Chambres prononcèrent leur propre dissolution, et le comité se dispersa, n'ayant plus aucun mandat. Les étrangers placèrent Louis XVIII sur le trône de France. Le jour de sa rentrée à Paris, Carnot quitta la ville et se réfugia à la Cerny,

Abdication de Napoléon.

où il apprit que, seul parmi les anciens ministres de Napoléon, il était porté sur la liste de proscription. Le sous-préfet d'Étampes lui ordonna d'aller habiter en surveillance à Blois. Un grand nombre de républicains furent exilés, parmi eux Cambon, Sieyès, Barrère, Merlin de Douai, le peintre David, Cambacérès, Maret, Savary, Fouché, Soult, Grouchy. Carnot fut déclaré déchu de l'Institut. L'École polytechnique, l'œuvre de Carnot, fut licenciée : la réaction triompha. Carnot reprit une seconde fois le chemin de l'exil, muni d'un passeport de l'empereur de Russie, qui était un grand admirateur de son génie; il se rendit à Varsovie pendant l'hiver de 1815. Le grand-duc Constantin l'accueillit avec les marques les plus bienveillantes de respect et le visita souvent. Les habitants de Varsovie pourvurent aux besoins de Carnot. L'éloignement et les rigueurs du climat poussèrent bientôt Carnot à quitter Varsovie; il passa par Berlin et alla se fixer à Magdebourg, où il avait quelques relations dans des familles françaises. Son fils Hippolyte resta auprès lui à Magdebourg jusqu'à sa mort. C'est là que Carnot mourut, le 2 août 1823.

Un écrivain de nos jours, qui est allé visiter la tombe de Carnot à Magdebourg, a publié tout récemment le récit suivant :

« Les habitants de Magdebourg qui se souviennent de Carnot ne s'accordent pas sur la date de son établissement. On a remarqué que le plus ancien livre d'adresses, édité en 1817, ne mentionne pas son nom sous la rubrique « personnes gradées et retraitées » ; tandis que le second ouvrage du même genre, qui a paru en 1823, porte, à sa page 202, l'indication suivante : « Louis Carnot, comte et général, *Schulstrasse*, 15. » Carnot, bien que comte de l'Empire, ne porta jamais ce titre ; quant à son prénom, il avait été mal déchiffré par l'éditeur, comme il résulte de l'acte authentique de décès ; il signait L. Carnot, de son prénom Lazare.

« Carnot avait élu domicile dans la grande rue de l'École, où se trouve encore un des principaux établissements scolaires de la ville. Seule dans cette rue, avec deux masures, son habitation a échappé à la fièvre de rénovation qui sévit à Magdebourg. Tous les autres immeubles de la rue sont battants neufs. C'est une maison à un étage, surmontée d'un

pignon, au coin de deux voies étroites et sombres ;
une plaque encastrée dans la façade porte une inscription gothique rappelant que l'édifice a naguère
été une dépendance du Poêle de la chevalerie, qui
se trouvait dans la ruelle voisine. La forme des caractères et l'aspect de la construction permettent
d'en fixer l'âge à la fin du quinzième siècle.

« Le logement que l'exilé occupait au rez-de-
chaussée, à gauche, est transformé en une taverne,
où les bourgeois du quartier viennent s'attabler
pour déguster la bière blanche et s'entretenir de la
marche des affaires et des événements publics. On
rapporte que Carnot y a écrit et publié un volume
de poésie et mis la dernière main à son *Mémoire
sur les fortifications, pour servir de suite au Traité
de défense des places fortes.*

« La tombe de l'Organisateur de la victoire est au
vieux cimetière, à la porte méridionale de la forte-
resse : cette indication n'est pas inutile, car les
visiteurs qui s'enquièrent du chemin risquent
d'être envoyés au nouveau cimetière, à l'extrémité opposée de la ville, distant d'une lieue du
premier.

« En suivant l'allée centrale, on arrive à la rotonde occupée par le mausolée du bourgmestre Francke, mort en 1856, à qui ses concitoyens ont érigé une statue sur la place de l'Hôtel-de-Ville ; on fait cent pas à droite, et le guide s'arrête pour déblayer la pierre noire rectangulaire qui porte, en lettres d'or cursives, l'inscription :

A 3,172
Carnot

« Le chiffre indique le numéro sous lequel la sépulture est inscrite au registre des concessions. Le relief du terrain, autour de la dalle, est tapissé de lierre. Les officiers français prisonniers à Magdebourg en 1870 et 1871 venaient en masse saluer le nom gravé sur cette pierre, en souvenir de leur captivité au lieu où le ministre de la défense nationale de 1792 était mort en exil. On raconte que plusieurs personnes, à Magdebourg, ont envoyé ou rapporté au doyen du Sénat français des couronnes cueillies sur la tombe de son père.

« L'acte de décès, conservé aux archives communales, porte textuellement : « Lazare-Nicolas-Mar-

« guerite Carnot, *70 Jahr 2 Monat alt*. Lieutenant
« général des armées françaises (*sic*), né à Nolay
« en Bourgogne le 13 mai 1753, mort à Magdebourg
« le 2 août 1823. »

« La *Gazette de Magdebourg* du mardi 5 août
1823 annonçait l'événement en ces termes : « Dans
« la nuit du 2 au 3 courant, l'ancien ministre de la
« guerre français, général Carnot, établi depuis plu-
« sieurs années en notre ville, a clos son existence
« mémorable. » Le numéro suivant, du jeudi 7 août,
s'exprime ainsi : « A la requête de son fils, le dé-
« funt général Carnot a reçu une sépulture provi-
« soire dans une de nos églises, en attendant les
« résolutions de sa famille. »

« L'information, exacte au fond, pèche en un
point : ce n'est pas dans la crypte d'une église que
l'inhumation s'est faite, mais dans un caveau du
cimetière qui entourait alors le temple protestant
de Saint-Jean ; cette mesure avait été prise en
considération de la religion catholique à laquelle
appartenait le défunt, que l'acte de décès indique comme membre de la paroisse de Sainte-
Marie.

« Le corps, embaumé d'arsenic, est demeuré dans ce souterrain jusqu'au 10 octobre 1832, où il a été transporté au cimetière dans un double cercueil de bois et de métal. La famille du défunt y acquit une concession de trente ans, renouvelée depuis, lors de son expiration. En 1864, la municipalité de Magdebourg a décidé de se charger à perpétuité de l'entretien de la tombe. Des fouilles pratiquées il y a quelques années dans le sol du caveau de Saint-Jean y ont fait découvrir un médaillon provenant de la sépulture primitive et portant le nom, le titre, la date de naissance et celle de la mort de Carnot ; cette pièce est conservée au Musée des arts industriels.

« L'hommage rendu par la municipalité n'empêche pas sa famille d'entretenir le culte de son illustre chef ; le président de la République française a, il y a quelques années, visité la demeure et la tombe de son aïeul, et a été reçu à Magdebourg avec la déféférence due au descendant de l'homme dont la ville garde respectueusement la mémoire. »

L'on s'est demandé souvent si Carnot avait ou non accepté le titre de comte que Napoléon lui conféra.

Voici ce qu'a écrit à ce sujet Arago :

« Ma mémoire peut reproduire fidèlement quelques paroles de notre confrère, qui éclairent ce point de sa vie, et qui me furent transmises le jour même par un officier qui les avait entendues. On était à table, au ministère de l'intérieur. Une lettre arrive. Le ministre brise le cachet et s'écrie presque aussitôt : « Eh bien, messieurs, me voilà comte de l'Em-
« pire ! Je devine d'où le coup part. C'est ma démis-
« sion qu'on désire, qu'on demande. Je ne lui don-
« nerai pas cette satisfaction. Je resterai, puisque
« je pense pouvoir être utile à mon pays. Le jour
« viendra, j'espère, où il me sera permis de m'ex-
« pliquer nettement sur cette perfidie. A présent, je
« me contenterai de dédaigner ce vain titre, de ne
« jamais l'accoler à mon nom, et surtout de ne pas
« en prendre le diplôme, quelques instances que
« l'on me fasse. De ce moment, vous pouvez tenir
« pour certain, messieurs, que Carnot ne restera
« pas longtemps ministre après que les ennemis
« auront été repoussés. »

CHAPITRE VII

La postérité. — Inauguration de la statue de Carnot à Nolay. — Portrait de Carnot par le docteur allemand Koerte. — Les écrits de Carnot.

1882

Le grand homme dont on vient de lire la biographie et qui avait gouverné la France, dirigé sans contrôle quatorze armées, resta pauvre jusqu'à la fin. Sa dépouille repose sur la terre d'Allemagne. Puissent bientôt ces restes vénérés être rendus à la patrie ! Son épouse était morte à Paris le 6 février 1813. Son fils aîné, Nicolas-Léonard-Sadi, entré à l'École polytechnique en 1814, puis à l'École de Metz, devint capitaine du génie, donna sa démission et succomba victime de l'épidémie cholérique de 1832. Son second fils, Lazare-Hippolyte, qui avait accompagné son père en exil, devint député de Paris, puis ministre de l'instruction publique en 1848. Doyen d'âge du sénat, père de M. Sadi Carnot, le président de la République, il est mort à Paris le 16 mars 1888.

En 1849, un décret prescrivit le repatriement des cendres de Carnot, mais le second Empire ne le mit pas à exécution. C'est seulement en 1882 que la troisième République a rendu à Carnot un public hommage, en inaugurant à Nolay, le 3 septembre le monument élevé au grand patriote par la reconnaissance de ses concitoyens. Sur le piédestal on lit ces simples mots :

A CARNOT

ORGANISATEUR DE LA VICTOIRE

SOUSCRIPTION NATIONALE

1882

Notre grand historien Henri Martin prononça devant la statue de Carnot un discours où il rappela les titres du patriote à la reconnaissance publique :

« Puisque M. le ministre de la guerre, dit-il, veut bien m'appeler à cette tribune, qu'il soit permis au vieil historien qui a passé sa vie à étudier, à remettre en mémoire les gloires de la France, qu'il lui soit permis d'exprimer sa joie de voir cette journée de réparation avant de mourir! Il y a cinquante ans que nous l'attendions! C'était au lendemain du jour où reparut le drapeau tricolore, après une éclipse de quinze années; c'était au lendemain du 29 juillet que la statue du grand Carnot eût dû être érigée sur cette place!

« Comment l'homme dont le nom remplissait tous nos livres, était dans toutes les mémoires et dans toutes les bouches, comment cet homme n'a-t-il pas eu plus tôt son image en bronze et en marbre, consacrée par la reconnaissance nationale?

« Son nom était-il donc débattu, contesté parmi nos orageuses controverses politiques? Non, quoique associé, sous la pression d'événements extraordinaires, à des noms tour à tour admirés et maudits dans la dictature révolutionnaire, son nom a été toujours mis à part dans le sentiment public.

« Les partis eux-mêmes se sont tus devant lui.

« Au jour le plus violent de la réaction thermidorienne, quand on proscrivait ses collègues, ses collaborateurs même les plus irréprochables, des réacteurs le désignèrent à son tour. Une voix, c'était celle du généreux Lanjuinais, éclate sur les bancs de la Convention. « Oseriez-vous porter la main sur « l'Organisateur de la victoire? »

« Tous rentrèrent dans le silence.

« Quelle a été la raison de cette popularité sans engouement, sans emportement et sans retour, profonde, universelle, indestructible, de cette popularité qui lui a fait attendre sa statue près d'un siècle, mais qui lui avait conquis le respect unanime dès les premiers jours?

« La raison n'en a pas été seulement l'immensité des services, mais la physionomie, le caractère, l'ensemble de la personne et de la vie.

« Il avait les idées et non les formes de son temps, les principes et les fortes croyances de Rousseau, sans rien des habitudes déclamatoires où étaient tombés les disciples de Rousseau, déclamations qui pourtant, il faut bien le dire, ne s'évaporaient point en paroles, mais se traduisaient en actes dont la grandeur a été l'admiration et l'effroi du monde. Lui, il avait la grandeur des actes sans l'exagération du langage.

« Son austérité sans rudesse, sa douceur grave chez un si grand guerrier, une allure si peu militaire, ses goûts de retraite et de science, ses mœurs de famille, la simplicité qu'il portait en toute chose, tout en faisait un homme à part, un de ces hommes de Plutarque, dans lesquels on n'a voulu voir que des types de convention et qui néanmoins se réalisent quelquefois pour l'honneur de l'humanité.

« ... Cette statue représente Carnot méditant le plan de l'immortelle campagne de 1793, de cette campagne où il va en personne délivrer la Flandre à Wattignies et où il envoie Hoche délivrer l'Alsace à Reichschoffen, au Gaslberg, à Wissembourg, ces lieux témoins des triomphes de nos pères et de nos calamités.

« Carnot avait deviné le génie de ce jeune héros dont la mort prématurée a été peut-être le plus grand de nos malheurs, et par ce qu'elle a empêché Hoche d'exécuter, et par ce qu'elle a rendu possible à un autre de faire.

« Carnot avait aussi deviné le génie militaire de cet autre, mais il n'avait pas deviné son funeste génie politique.

« A l'heure où Napoléon nous faisait perdre ce
que Carnot nous avait donné, Carnot reparut pour
défendre encore une fois la France ; il se retrouva
le même à Anvers qu'à Wattignies, l'homme du
devoir, qui, hélas ! ne put réparer le mal fait par
l'homme de la passion personnelle et de l'ambition
sans frein.

« Pourtant son œuvre et celle de ses grands
contemporains avait été si forte, les traces de leurs
grands actes étaient si profondes, que rien n'a pu les
effacer et que la France de la Révolution s'est toujours relevée des plus terribles revers. »

Puis M. Hippolyte Carnot, le fils du grand conventionnel, parla en ces termes de la vie privée de
son père :

« Un rare bonheur m'a été réservé, celui de vivre
assez longtemps pour voir cette journée. J'ai pu
saluer l'image de mon père dans sa ville natale,
devant la maison où il fit l'apprentissage des vertus
qui lui ont valu le respect et l'affection de ses concitoyens.

« Jamais le nom de fête de famille ne fut mieux
mérité que par celle d'aujourd'hui. C'est un ancien

habitant de Nolay qui rentre dans ses foyers, rappelé par ses amis après un long exil. Il revient dans
cette Bourgogne, dans cette chère Bourgogne, terre
de patriotisme à laquelle il ne cessa jamais d'appartenir, vers laquelle ses yeux se tournaient toujours,
du fond de l'exil comme du sommet des grandeurs.

« L'homme public a trouvé tout à l'heure pour le
louer des voix autorisées, des bouches éloquentes.
Ceux qui ont parlé avaient acquis ce droit par des
services éclatants sur le champ de bataille, dans les
charges de l'État ou dans le cabinet d'études. J'ai
écouté leurs discours avec émotion, mais il me reste
une tâche également précieuse et que je revendique
comme fils : celle de parler de l'homme privé, de
l'homme de famille. Celui-ci, je l'atteste ne fut pas
moins grand que l'autre.

« Lorsque des étrangers s'arrêteront devant cette
statue et demanderont aux habitants de Nolay qui elle
représente, les uns répondront : « C'est un soldat qui
« servit la France dans les temps les plus difficiles et
« qui contribua à sauver l'indépendance nationale. »
D'autres diront : « C'est un savant qui a agrandi le
« domaine de la science. » D'autres : « C'est un bon

14

« citoyen, un des fondateurs de la République. »
Moi, son fils, je vous prie de répondre d'une voix
plus ferme encore : « Ce fut un homme de cœur et
« un homme de bien. »

Carnot fut admiré à l'étranger autant que parmi
nous. Le philosophe historien allemand docteur
Koerte, apprécie comme il suit la vie du grand conventionnel :

« Carnot est d'une haute stature, et son maintien
est plein de noblesse; son front est large et élevé; ses
yeux sont bleus, vifs et remplis de sagacité; son nez,
bien formé, est un peu aquilin, ses lèvres sont fines,
et sa bouche porte les traits d'une sérénité bienveil-
lante. Il parle vite et avec feu; son élocution est
toujours claire, ornée de saillies et d'un charme en-
traînant. Souvent les muscles de son front mobile
semblent exprimer d'avance ses pensées. Il s'épanche
volontiers dans la conversation; et quoique sa
bouche paraisse être sous la surveillance d'un œil
pénétrant, cependant l'étranger lui-même recueille
plus qu'il n'oserait attendre. L'expression de son
visage est un paisible sentiment de lui-même : ingé-
nieux, moins circonspect que plein d'assurance,

point défiant, mais scrutateur. Souvent son front décèle un mouvement subit de vivacité; mais le calme de ses yeux est inaltérable, et l'agrément de sa bouche n'est jamais troublé.

« Après avoir étudié sa vie, voici l'idée que l'on prend de son caractère. Carnot est un homme juste et vertueux, simple et modéré dans ses besoins; grand, sublime dans ses occupations pour la gloire de sa patrie; amant idolâtre de la liberté et citoyen soumis aux lois; animé d'un zèle ardent pour les sciences, il cultive la poésie avec enjouement et sans prétentions; ami des plaisirs avoués par le sage, il est infatigable et plein d'ordre dans ses affaires, d'une justice exacte, sans acception de personne; patient et indulgent envers les autres, il est sévère envers lui-même, désintéressé jusqu'au scrupule et n'ayant d'autre pensée que celle du bien public, audacieux dans la guerre, courageux avec sang-froid, doué d'une admirable présence d'esprit; comme César il oublia tous les outrages, et ne les vengea point ainsi que Napoléon; mais on ne le vit jamais perdre de vue l'homme qui lui avait rendu service. Tout désir de fortune ou de puissance lui était étranger; la loyauté la plus délicate avait pris naissance dans son âme, la fierté et l'orgueil ne lui étaient connus que de nom. Modeste dans la prospérité, il se montra grand, inébranlable dans les revers. Son ambition fut pure; elle ennoblit tous les degrés de l'échelle qu'il monta et descendit tour à tour; doué d'un sens exquis pour l'honneur, il n'en avait point pour les honneurs; les dignités ont moins versé d'éclat sur lui qu'il n'en a versé sur elles; après avoir été membre de l'Assemblée nationale, de la Convention et du Directoire, lieutenant général, ministre de la guerre et de l'intérieur, comte et pair de France, grand officier de la Légion d'honneur et membre de la première classe de l'Institut, nous le voyons aujourd'hui dépouillé de toutes ses dignités, proscrit et jouissant d'une fortune extrêmement bornée; nous le voyons, dis-je, l'objet de l'estime et de la vénération de tous les hommes éclairés, de tous les amis de la gloire et de la vertu, des sciences et de la liberté, l'objet des regrets et du juste orgueil de sa patrie. »

Il n'est pas sans intérêt de donner ici la nomenclature des écrits de Carnot, afin de montrer la fé-

condité de ce grand esprit. La voici à peu près
complète :

Éloge de Vauban ; Dijon, 1784.

*Observation sur la lettre de M. Choderlos de Laclos contre
l'Éloge de Vauban ;* 1785.

Essai sur les machines en général ; 1784.

*Mémoire présenté au conseil de guerre au sujet des places
fortes qui doivent être démolies et abandonnées ;* 1789.

*Réclamation adressée à l'Assemblée nationale contre le
régime oppressif sous lequel est gouverné le corps royal du
génie ;* 1789.

*Exploits des Français depuis le 22 fructidor an I jusqu'au
15 pluviôse an III de la République ;* 1796.

Réflexions sur la métaphysique du calcul infinitésimal ; 1797.

OEuvres mathématiques ; Bâle, 1797.

*Réponse de Carnot, citoyen français, l'un des fondateurs de
la République, au rapport de Bailleul sur la conspiration
du 18 fructidor ;* 1798.

*Lettre du citoyen Carnot au citoyen Bossut sur la trigono-
métrie ;* 1801.

De la corrélation des figures de géométrie ; 1801.

Principes fondamentaux de l'équilibre et du mouvement ;
1803.

Géométrie de position ; 1803.

Discours contre l'hérédité de la souveraineté en France ; 1804.

*Mémoire sur la relation qui existe entre les distances respec-
tives de cinq points pris dans l'espace ;* 1806.

De la défense des places fortes ; 1812.

Mémoire adressé au roi ; 1814.

Exposé de la situation de l'Empire ; 1815.

Exposé de la conduite du général Carnot depuis le 1ᵉʳ juillet 1814 ; 1815.

Opuscules poétiques du général Carnot ; 1820.

Mémoire sur la fortification primitive, pour servir de suite à la défense des places ; 1823.

Le souvenir de Carnot était resté vivant en France, malgré l'exil ; l'on retrouve en effet dans un journal de 1818, *le Vrai Libéral,* la pièce de vers suivante :

> Quel est celui dont la patrie
> Avec orgueil redit le nom ;
> Qui de Vauban eut le génie
> Et l'âme fière de Caton ;
> Qui, pur comme la Vertu même,
> Monta jusques au rang suprême,
> Et, pur comme elle, en descendit?
> C'est un proscrit, c'est un proscrit.

APPENDICE

Les étrangers ont rendu à Carnot une justice dont l'expression publique était souvent interdite à ses compatriotes. Un article du journal anglais l'*Examiner* nous a paru assez remarquable pour être traduit ici ; c'est un résumé impartial de cette grande existence :

« Aucun événement ne nous fait faire de plus profondes et de plus tristes réflexions que le peu de sensation occasionnée par la mort des grands hommes, quand cette mort est précédée de quelques années de retraite. Il est vrai que cette retraite se change si promptement en obscurité que l'on peut être préparé à un tel résultat. Mais c'est lorsque la

mort a mis un terme à une brillante existence que
nous voyons avec chagrin combien est passagère la
renommée la plus éclatante, puisqu'elle survit à
peine à celui qui l'a acquise. Ces derniers temps
nous ont souvent inspiré de semblables réflexions,
quand les convulsions politiques amenaient sur la
scène du monde d'éminents personnages, qu'elles
rejetaient ensuite dans la retraite ou dans l'exil. Sans
parler d'événements moins importants, la mort de
Bonaparte lui-même a été presque oubliée en quinze
jours. Il est vrai que, depuis, l'attention générale a
souvent été réveillée par tout ce qu'on a publié sur
les opinions de Napoléon et sur le traitement honteux qu'on lui a fait essuyer. Mais la nouvelle de sa
mort a excité un si faible intérêt à Londres, qu'à
peine elle a distrait quelques personnes des momeries
et du clinquant préparé pour le couronnement du
roi; à la vérité cet objet était bien digne de leur
intention.

« Si celui qui a tenu dans ses mains les destinées
de la presque totalité du monde civilisé est descendu
dans la tombe sans laisser, pour ainsi dire, de
traces après lui, nous ne nous étonnons point qu'un

homme plus grand peut-être que Napoléon dans le
vrai sens du mot, mais dont la carrière jeta moins
d'éclat, soit mort sans qu'on ait fait plus qu'annoncer
le terme de son existence. Selon nous, Carnot était
de tous les hommes produits par la Révolution celui
qui possédait au plus haut degré les qualités qui
constituent la véritable grandeur. Il a donné au
monde le plus bel exemple de cette abnégation de
soi-même qui, sans doute, est la plus rare de
toutes les vertus. Il ressembla mieux qu'aucun autre
de ses contemporains aux héros de l'ancienne Rome.
Son républicanisme, son amour pour sa patrie,
étaient d'une nature austère et sublime qui paraissait
au-dessus de l'humanité. Trop souvent on vit chez
les anciens ces nobles avantages s'unir à une séyé-
rité barbare qui ne nous semble pas toujours avoir
été compensée par les vertus dont elle était l'indice;
au lieu que chez Carnot ce stoïcisme était accompagné d'une modération rare dans les affaires d'État,
d'une douceur et d'une aménité dans les relations
privées qui montraient que les principes les plus
austères étaient loin d'exclure en lui un cœur sen-
sible et bienfaisant.

« La carrière publique de cet homme extraordinaire est marquée par des succès d'autant plus frappants que les difficultés dont il était entouré auraient pu devenir la cause et l'excuse des revers auxquels on pouvait s'attendre. Il s'est élevé au-dessus des obstacles avec toute la puissance de son génie, et les a mêmes rendus utiles à ses projets.

« Carnot est né en Bourgogne en 1753. A l'époque de la Révolution il était capitaine du génie et ne se distinguait pas moins par ses talents littéraires que par des connaissances profondes dans toutes les parties de son état. En 1791 il fut élu membre de l'Assemblée législative, et depuis lors l'on reconnut en lui le caractère d'un républicain ardent, fidèle et sincère : il vota la mort du roi. . . . .

. . . .

« Carnot devint ensuite membre du comité de Salut public, dont Robespierre était le chef, et plusieurs fois en Angleterre on a voulu lui faire une part dans les forfaits de ce monstre. Les gens qui ne cherchent qu'à ternir la réputation des patriotes ont constamment représenté Carnot comme compromis dans les boucheries de cette époque si justement appelée

le règne de la Terreur ; mais ces venimeuses asser-
tions sont tombées d'elles-mêmes, comme tant
d'autres.

« Carnot, loin d'avoir trempé dans les atrocités de
ses collègues, leur avait opposé tant d'obstacles que
sa mort était résolue aussitôt que les circonstances
auraient permis de se passer des talents supérieurs
avec lesquels il dirigeait le ministère de la guerre.
Une seule preuve suffira pour démontrer que l'opinion publique savait séparer sa cause de celle de
Robespierre et de ses agents : c'est qu'à la chute de
celui-ci, lorsque tous ceux qui avaient eu les moin-
dres relations avec lui étaient proscrits, Carnot
continua à faire partie du gouvernement, et qu'aux
élections suivantes il fut nommé par quatorze départements. On a dit, et nous le croyons sincèrement,
qu'il avait sauvé plus de monde pendant la durée
de ses fonctions que Robespierre et Saint-Just n'en
avaient immolé.

« Ce fut au comité de Salut public et au Directoire que Carnot développa ses talents extraordinaires ; et c'est surtout à cette partie de sa carrière
que se rapportent nos expressions au commencement

de cet article, qu'il avait su convertir en éléments de succès des obstacles qui eussent paru insurmontables pour d'autres. Rien ne nous a plus souvent et plus fortement surpris que les succès miraculeux des armées françaises durant les premières années de la Révolution. Quoique la nation se trouvât sur le cratère d'un volcan, en proie à la Révolution la plus complète qui jamais ait ébranlé le monde ; quoique toutes les branches du gouvernement subissent une organisation nouvelle ; quoique la discorde civile se présentât sous les formes les plus effrayantes, non seulement les armées françaises repoussèrent l'ennemi national, mais elles portèrent leurs drapeaux triomphants chez presque toutes les nations voisines ; elles doublèrent l'étendue du territoire de la République ; enfin elles dictèrent des conditions de paix qui changèrent en vassaux ses ennemis les plus fiers et les plus formidables.

« C'est au génie de Carnot qu'on devait la combinaison et les plans de ces succès gigantesques ; il avait la direction absolue de la guerre, et non seulement il organisait et distribuait le personnel et le

matériel des troupes, mais il dirigeait lui-même les
opérations des campagnes dont il était le créateur.
Il correspondait à la fois avec quatorze armées sans
employer de secrétaire.

« La Révolution du 18 fructidor renversa Carnot,
qui s'exila volontairement. On dit qu'il avait entre
ses mains les moyens d'opposer au pouvoir directo-
rial une résistance qui sans doute se serait terminée
par la chute de ce gouvernement; mais Carnot paraît
avoir toujours redouté les discordes civiles, et dans
cette circonstance, comme dans d'autres posté-
rieures, il semble qu'il se soit imposé la loi de ne
point travailler contre un gouvernement établi,
quoiqu'il le désapprouvât, lorsqu'il pouvait en résul-
ter la guerre civile dans sa patrie. Carnot se retira
en Suisse, où il se livra paisiblement à l'étude des
sciences, de la littérature, jusqu'au moment où
Bonaparte, porté au Consulat, le mit à la tête du
ministère de la guerre. Il en remplit les fonctions
pendant la campagne de Marengo; mais peu de
temps après, les vues liberticides de Bonaparte
commencèrent à se développer; Carnot donna sa
démission et ne quitta sa retraite qu'en 1802,

lorsque le vœu de ses concitoyens l'appela au Tribunat.

« Carnot montra dans ce poste important une opposition ferme et soutenue aux usurpations du pouvoir et défendit les droits du peuple avec une hardiesse et une énergie dont on ne peut trouver d'exemple qu'au temps glorieux des tribuns de l'ancienne Rome. Il vota contre le Consulat à vie et s'éleva seul contre l'érection du trône impérial.

« L'abolition du Tribunat eut lieu en 1806, et Carnot se retira de nouveau, refusant son appui à un gouvernement destructeur de cette liberté qui lui coûtait tant de combats et tant de sacrifices. Pendant huit ans il demeura dans une complète inaction, jusqu'à l'époque (janvier 1814) où l'invasion des étrangers réveilla son courage patriotique ; il offrit ses services pour la conservation du territoire français et fut nommé gouverneur d'Anvers. Tout le monde connaît la belle défense de cette ville. Ce ne fut qu'après l'établissement de Louis XVIII qu'il se soumit, ainsi que sa garnison, à l'autorité royale.

« Peu de temps après, Carnot remarqua le germe de ces empiétements sur la liberté constitutionnelle qui sont parvenus depuis à un degré si effrayant. Il présenta au roi son célèbre mémoire, dans lequel il signalait les abus et prédisait les conséquences du système adopté par le gouvernement. Ses prédictions ne tardèrent point à s'accomplir. Napoléon quitta l'île d'Elbe. . . . .

. . . .

« Carnot fut, pendant les Cent-Jours, ministre de l'intérieur et ensuite membre du gouvernement provisoire. Au retour du roi, Carnot fut le seul proscrit parmi les membres de ce gouvernement, sans doute parce qu'il était le seul vertueux, et, après avoir publié une justification triomphante de sa conduite, il se retira à Magdebourg, ville qu'il a habitée jusqu'à sa mort.

« Dans cette esquisse rapide et nécessairement trop abrégée de la vie d'un homme extraordinaire, il est impossible de ne pas être frappé de l'unité admirable qui règne dans sa conduite, du stoïcisme et de l'intégrité de ses principes : son enthousiasme était trop élevé, trop pur pour son siècle et pour la

nation au sein de laquelle il a vécu, et l'énergie et
les connaissances pratiques qu'il y joignait se trouvent trop rarement unies à un tel enthousiasme.
Carnot fut constant dans son amour pour la patrie,
cet amour porté jusqu'au sublime et qui n'était
souillé par aucun sentiment d'ambition personnelle.
Élevé par ses grands talents à une puissance que
possèdent rarement les rois nés de ce qu'ils sont, il
ne fut point enivré de sa grandeur; l'exemple et les
circonstances ne réussirent point à le corrompre.
Après avoir joui d'un pouvoir absolu, il rentra dans
la vie privée, sans murmure et probablement sans
regrets, et dans la retraite de Cincinnatus il déploya
des talents scientifiques et littéraires qu'on acquiert
difficilement, à moins d'en faire l'étude unique de sa
vie.

« Modeste au faîte du pouvoir, inflexible envers
la tyrannie, inébranlable dans l'adversité, cet homme
véritablement grand nous offre le modèle de l'élévation du génie unie à celle de la vertu. Cet exemple,
admirable dans tous les siècles, l'est bien plus encore
dans le nôtre. Une retraite de quelques années suffi-
rait-elle pour jeter sur sa gloire un nuage d'oubli?

Nous ne le pensons pas, et nous espérons que, parmi ses compatriotes, il s'en trouvera qui élèveront un monument à sa mémoire, l'histoire de sa vie. Qu'en attendant il soit permis à notre faible voix d'apporter en tribut cet hommage sincère à ses talents et à ses vertus. »

FIN

TABLE DES MATIÈRES

SOCIÉTÉ ANONYME D'IMPRIMERIE DE VILLEFRANCHE-DE-ROUERGUE
Jules Bardoux, Directeur.

A LA MÊME LIBRAIRIE

Collection de volumes illustrés, format in-8° cavalier.

Dr BEAUREGARD..... Nos Parasites, illustrations de CLÉMENT, MESNEL, etc.
Dr BERNARD........ De Cherbourg à Brest, illustrations de DE BAR et H. CLERGET.
.... De Lorient à Toulon, illustrations de A. MARIE, LANCELOT, etc.
BLOCH (M.)........ Les Mères des Grands Hommes, illustrations par GODEFROY-DURAND, Ed. MORIN, etc.
.... Épouses et Sœurs, illustrations de LIX, RILY, VUILLEGE, etc.
COCHERIS (Mme)..... Histoires sérieuses sur une pointe d'aiguille, illustrations par GAILLARD, LIX.
DILTOUR et RINN... La Tragédie grecque, illustrée d'après l'antique.
FÉNELON........ Les Aventures de Télémaque, illustrations d'après MONNET.
FONT-RÉAULX (DE).. Cornot, illustrations de LE BLANT, LIX, etc.
FRÉDÉ (P.)........ Voyage au Cap Nord, illust. par ROBERT CLERGET, LIX, WEBER.
.... Excursion en Sicile, illustrations de GINO, LIX, etc.
GRAFFIGNY (H. DE).. Voyages fantastiques, illustrations de BESSON, POIRSON.
HAMEAU (Mme)..... Une Enfant sous Mère, illustr. par LIX, MORIN, B. DE MONVEL, etc.
LA BLANCHÈRE (H. DE). Les Amis des Plantes et leurs Ennemis, illustr. par A. MESNEL.
.... Récits de Pêche et de Voyage, illustration par DE BAR et LIX.
LA FONTAINE.... Fables choisies, illustrations par OUDRY.
LE GOFFIC ET THIEULIN. Les Mémoires de St-Simon (extraits), ill. de CHENAY, RIGAUD, etc.
MARTIN........ Proverbes et locutions, illustr. de GEOFFROY, AD. MARIE.
MULLER (E.)....... La Science familière, illustr. de CLÉMENT, CHARLIER, GILBERT, etc.
.... Le Prince du Feu, illustrations de LIX.
RASSAT (J.)...... La très joyeuse Histoire du bon chevalier Bayard, arrangée en style moderne, illustr. de POIRSON, RIGAUD, etc.
THIERRY (AUG....... Récits des Temps mérovingiens, illustrations de G. DURAND, LIX.

Collection de volumes illustrés, format in-4° carré.

BERTAL (J.)........ Les Demoiselles de Fernig, illustrations de DEVAUX, LIX, etc.
BESNERAY (Marie de). La Veillée de Noël, illustrations de CHENAY, DE BAR, etc.
BLANDY (S.)..... La Fée au nid, illustrations de W. F.
CAPENDU (E.)..... Ango le Rcompeur, illustr. par THEODORE, DE BAR, CLERGET, etc.
FRÉDÉ (P.)........ Chercheurs d'Or dans l'Amérique russe, illustrations par KOLLENTZ, DE BAR, etc.
.... Chasse à l'Hipôpotame à Ceylan, illustr. par MESNEL, LIX, etc.
JONVEAUX........ Les Aventures de Rob-Roy, illustr. de DEVAUX, BAYARD, etc.
LA BLANCHÈRE (H. DE) Grouse et Andrée, illustr. par MORIN, MESNEL, GRAVIÈS, etc.
.... Une Histoire de tous les Jours, illustr. par MORIN, GILBERT, etc.
COMTESSE MARIE..... Histoire de Brigitte et de son cousin Jacot, illustrations par GOUBAUD.
MANGIN (A.)........ Les Peuplades d'en Chine, illustrations par BARTON, VIERGE, etc.
MEYLAN (A.)....... À travers l'Albanie, illustrations par GILBERT, DE BAR, etc.
PERCEVAL........ Les Rêves de Julie, illustrations de FRISSONARD, GIRARDET, etc.
ROBERT (S.-E.).... Contes chinois, illustrations par SCOTT, VALLETTE, etc.

Collection de volumes illustrés, grand in-4° pittoresque.

CARLO DU MONGE.... La Guerre, illustrations de POIRSON.
DOMOULIN (S.)..... Le Tonkin, illustrations de DICK DE LONLAY.
LEBLANC (Ed.)..... À la Recherche de la Pierre philosophale, illustr. de BESNIER.
LEVASSEUR (E.)..... Les Alpes, avec illustrations et carte.
MANGIN (A.)..... Voyage scientifique autour de ma Chambre, ill. LIX, A. MARIE, etc.
MÉRY........... La Comédie des Animaux, ill. de BONNELD, KOPFCHSER, MORIN, etc.
TISSOT (V.)....... L'Afrique pittoresque, illustrations de DE BAR, KIRSCHNER, etc.

4 — Paris. Imprimerie G. Rougier et Cie, rue Cassette, 1.